UNPRINCIPLE《アンプリンシプル》

あのお金、返して下さい!!

「銀行と証券会社」

不都合な真実、悪魔の商品の売り子達

元大手証券会社 トップセールス
西田明

弁護士法人 あまた法律事務所
豊川祐行

日本之書房

はじめに

今の証券会社の商売の仕方は確実に誤っている。

これを多くの人に伝えたいと思ったことが、本書を記す出発点になっている。

どこかで誰かが警鐘を鳴らし、歯止めをかけなければならない——。

証券会社を辞めてしばらく経つが、その気持ちに何ら変化はない。


本書のタイトルの一部になっている「悪魔の商品」は、具体的に言うと主に「新興国通貨建て仕組債」を指す。

証券会社や銀行の巧みな勧誘に乗り、この商品に手を出した人がたくさんいる。「自分は大丈夫」と思うかもしれない。だが、高齢の両親、もしくは親族が被害に遭っているケースも考えられる。誰にも相談できずに悩んでいる高齢者は実に多いのだ。彼らを救えるのは家族しかいない。

とある証券会社では、1社だけで数万件および4000～6000億円という規模で販売したと見られ、損失額はなんと数千億円に上ると言われる。

この状況を見過ごしてはいけないと考えた私は、元同僚や元上司、今も現役で働く証券マンからの協力を得ながら、弁護士チームと合流し、法的に正当な手段で損失金を補填するために次に示す集団訴訟プラットフォームを立ち上げることにした。

◇弁護士法人あまた法律事務所《集団訴訟プラットフォームＭａｔｏＭａ》
【ＳＭＢＣ日興証券の大損債券】
０１２０－７８３－７４８（受付時間：平日10時〜19時）
Ｅメール matoma@amata-law.com
https://mato.ma/project/securities-smbc-loss

相談してみたいという人は、ためらわずにぜひ連絡してほしい。このプラットフォームについては巻末にも詳細が付記されている。

証券会社や銀行が販売する不合理な商品を購入し、大切な財産を失った人は多い。だが、それを取り戻すための方策はある。本書が損失を被った人たちを救済する手助けとなり、本来持つべき正しい金融知識を得るための手引きになればと願っている。

さらに本書では、証券会社や銀行がどういう経緯で「悪魔の商品」を売りさばくようになったのか、そしてどのような方法で顧客にアプローチをしたのかにも触れていくつもりだ。

そこでまずは、「骨太の方針」という言葉が頻繁に使われていた時代のことを思い出していただきたい。この言葉がしきりに使われるようになったのは、今から約20年前の２００１年以降のことだった。

当時、内閣総理大臣だった小泉純一郎氏は「聖域なき構造改革」という旗印を大きく掲げ、日本社会の改革を推し進めようと様々な施策を繰り出していた。

その一環として作成され、同年6月に発表されたのが、「今後の経済財政運営及び経済社会の構造改革に関する基本方針」、いわゆる〝骨太の方針〟だった。

本書を通じて、私は証券会社と銀行によって過剰に販売されてきた、いくつかの金融商品について語っていく。

一度手を出したら、身が亡びるのを待つしかない――。

それらの商品を私は「悪魔の商品」と呼んでいる。

では、なぜそのような危険な商品が市場に出回るようになってしまったのか。

その源流をたどっていくと、先に紹介した骨太の方針に行き着くと私は考えている。

当時発表された内容を見ていくと、「チャレンジャー支援プログラム―個人、企業の潜在力の発揮」という項目があり、次のような記述がある。

従来の預貯金中心の貯蓄優遇から株式投資などの投資優遇へという金融のあり方の切り替えや起業・創業の重要性を踏まえ、税制を含めた諸制度のあり方を検討する。

さらに「資産市場の構造改革」という項目内では、こうつづられている。

個人投資家の市場参加が戦略的に重要であるとの観点から、その拡大を図るために、貯蓄優遇から投資優遇への金融のあり方の切り替えなどを踏まえ、税制を含めた関連する諸制度における対応について検討を行う。

これらを見れば、日本政府は明らかに国民を投資へと走らせようと意図していたのがわかってもらえるはずだ。そしてこの流れは基本的に今も変わっていない。

金融庁が２０１６年に発表した「平成27事務年度　金融レポート」では、「貯蓄から資産形成へ」という項目が掲げられ、「長期・積立・分散投資を通じた資産形成の必要性」を前面に打ち出している。

過去20年を振り返ると、日本は国を挙げて国民の財産を投資に振り向けようと躍起になってきたのだ。

しかし、本当にこれでいいのだろうか。

私はいいとは思わない。

こんなコメントをすると、私を知っている人からは「おまえにそんなことを言う資格はない！」と怒られてしまうかもしれない。

それも当然だろう。なにしろ私自身が証券マンとして第一線を歩いてきた人物であり、これまで多くの人に「悪魔の商品」を売りさばいてきたのだから。

＊

私は２０２０年で40歳になる。大学生のころから投資が好きで、当時は主に株の売買で儲けを出していた。

今でもよく思い出すのが、２００２年のＩＴバブルの崩壊直後のことだ。

あの時期、バブル崩壊のあおりを受け、将来性のある会社にもかかわらず失速し、株価を大幅に下げる会社がたくさんあった。それらの会社の株価がどこまでも落ちていく姿に私は注目し、底値をついたと感じたタイミングで買いに走り、値上がりした時点で売るという取引を繰り返していた。

そんな中、特に儲けさせてもらったのがソフトバンクだった。

ソフトバンクは、今では日本を代表するような大会社だが、２０００年代のころは、数度にわたって経営危機に陥るようなベンチャー企業と言ってよかった。そのため、株価の上下が激しい会社でもあった。

その不安定さを逆手に取り、私はこの会社の株の売買を繰り返して儲けていたのだ。

ＩＴバブルが崩壊する前の２０００年２月、ソフトバンク株は19万８０００円の高値を付ける。

その後、バブル崩壊後の2002年11月には、株価は2725円（高値の約73分の1）にまで下がっていく。この間、私は150万円の資金を用意して4度にわたって売買を行い、100万円程度の利益を上げていた。

二十歳そこそこの大学生にとって、投資で100万円もの利益を得たという事実は計り知れないくらいの大きな刺激だ。私はすっかり株の魅力に取りつかれてしまう。（就職するなら証券会社しかない）

そう考えるようになるのは自然の流れだった。

希望が叶い、大手証券5社の1つに数えられる企業に入社したのは2003年のことだ。入社後、営業部に配属された私は、株の営業でコツコツと実績を上げ、最終的には営業管理職まで上り詰めた。この間、2000年代の金融業界の再編や2008年のリーマンショックを経験してきている。

それら2つの動きは、業界に大きな変化をもたらした。

国による「貯蓄から投資へ」という明確な方針転換とも相まって、証券会社はそれまでの商売のやり方をがらりと変えて、荒々しい手法を使った商売に手を染めるのだ。

この手法により、大切な財産を証券会社によって鷲掴みにされたのが、投資についての明確な知識など持ち合わせていなかった人たちだった。

これまで堅実に貯めてきた資産を証券会社や銀行の言われるままに投資に振り向けた結果、大きな損失を被る人たちが数多く出てきたのだ。

これについては、本書の中で詳細に語っていく。


私は自社だけでなく証券業界全体にはびこるこうした商売のやり方に大きな疑問を抱き始めた。そし２０１９年春、どうにも納得がいかなくなり、16年間勤めてきた会社を辞めるに至るのだった。

学生時代、あれだけ憧れて飛び込んだ証券業界。しかし、そこから去るのは実にあっけないものだった。

だが未練はすでにみじんもない。本書を通して、私が所属してきた証券会社の真実の姿を少しでもお伝えできれば著者として嬉しい限りだ。

西田明

目次

第2章

「悪魔の商品」に憑りつかれた人々

第3章 売り手側の〝騙し〟の手口

第4章 金融リテラシーを高めて資産を増やす投資のコツ

第5章 日本の証券業界が直面している大問題

終章　「あのお金」返してください!!

装　丁　　畔上侑也
カバーイラスト　若林　萌

序 章

ついに起きた脅迫事件

ネットの片隅で見つけた小さなニュース

２０１９年８月、自宅でネットを眺めていると、１件のニュース記事が目に留まった。それを見た私は「ついに起きてしまったか」という思いに駆られた。

そのニュースの内容は、私にとってあまりにも身近であり、とても他人事として受け取れなかったのだ。

【東京都内で証券マンを脅迫、逮捕】

妻が保有する証券で５００万円の損失が出たことに立腹し、大手証券会社の社員を脅迫したとして東京都〇〇区に住む71歳の男が逮捕。

A容疑者は15日、〇〇区の自宅で証券会社の営業課長の男性（43）に対し、「ぶっ殺す」などと言い、脅迫した疑いが持たれている。警視庁によると、A容疑者は妻が保有する為替変動型の証券で５００万円の損失が出たとの説明を証券会社の女性担当者から受けたが納得がいかず、女性の上司である営業課長を呼び出していた。

取り調べに対し、A容疑者は「『ぶっ殺す』と確かに言った」と容疑を認めている——。

この記事を読んだほとんどの人にとって、何ら変哲もないありふれた脅迫事件に映るかもしれない。

「投資にはリスクがつきものだし、そもそも自己責任じゃないか。損したからといって証券会社の社員に八つ当たりするのはおかしい」

こんな感想を抱くのが一般の人たちの感覚なのかもしれない。

だが、とてもではないが、私にはそう思えなかった。

この男性が証券マンを脅迫するに至るまでの過程が、生々しいまでに想像でき、実際の映像のように脳裏に浮かんでくるからだ。

人が誰かを脅すという行為におよぶには、それなりの理由が必ずある。例えばこの事件では、妻が500万円を失ったことが理由になっていると見られる。

確かに、投資にはリスクがあり、それを承知の上で自己責任によって行うべきものだ。それを考えれば、容疑者Aの行為は明らかに法に抵触していると言っていい。

だが、「投資にはリスクがある」「自己責任」という言葉だけでは自分たちを納得させられない事情があったとの推察も可能ではないだろうか。

ネットの片隅で見つけた小さなニュース――。

それについて、あれこれと考えを巡らしてしまうのは、私自身が証券マンだったからに他ならない。断片とも言えるこの短いニュース記事に触れただけで、その裏で繰り広げられていたであろう過程が透けて見えてきてしまうのだ。

脅迫事件の裏側に潜む「証券会社の闇」

記事を読んでから数日すると、ようやく事件の内容は私の頭から消えていった。新たな職を見つけるために奔走する日々に追われ、ニュースどころではなかったのだ。

２０１９年の夏はとにかく暑く、東京では最高気温が30度を上回る真夏日が29日間も続いた。９月に入ってもその暑さは収まらない。希望する転職先を見つけられない私は、その暑さに喘いでいた。

「暑気払いでもしたい」

そんな気分でいると、タイミングよく、証券会社時代の同僚が食事に誘ってくれた。その席で思いがけず話題になったのが、例の事件だった。

元同僚の話では、脅迫事件に巻き込まれたのは私が春まで勤めていた証券会社に違いないと社内で噂になっているというのだ。

実を言うと、「ウチの会社ではないか」とうすうす感じてはいた。顧客に〝逆上〟されても不思議ではないという状況を、私自身も実際に経験している。

社内でささやかれている噂話の詳細を聞けば聞くほど、その中身は私の想像と一致しており、耳を傾けながら「やっぱりそうか」と納得するばかりだった。

元同僚が語った話を簡単にまとめてみよう。

逮捕された男性の妻が買わされたのは、ブラジル通貨のレアルを投資対象にした仕組債と言われる金融商品だった。

投資額は70歳になる女性が老後資金としてコツコツと蓄えてきた1200万円である。女性のところに初めて証券会社の営業マンが訪れたのは5年前のこと。一度は断られたものの、その後も再三訪れて、「いい商品だから、試してみましょう」と執拗な勧誘をしたという。

「ブラジルレアルに投資すれば、金利が年間7%も付くんですよ。例えば、今お持ちの1200万円を預けておけば、年間で100万円、月にすると8万円のお金が入ってくる計算になります。魅力的だと思いますよ。ご購入いただけませんか?」

孫のような若い証券マンから勧誘を受けるうちに、女性の気持ちは揺らぎ出し、最終的に所有財産である1200万円を全額つぎ込んでしまったという経緯らしい。

あなたの大切な老後資金は大丈夫ですか？

この話を聞き、「どうして1200万円も!?」と思う人がいるかもしれない。

その気持ちは理解できるが、実際に「自分の資産がいくらあり、これを基にどういったポートフォリオを構築し、どれだけのリスクをとりながら投資をするべきか」という意識を持っている人は非常に少ない。

お金に関わる金融や経済に関する知識や判断力のことを総じて「金融リテラシー」という。比較的高学歴で社会人として高い意識を持っている人であっても、この金融リテラシーが驚くほど低いのが日本の実情なのだ。

この女性も十分な金融リテラシーを持っておらず、1200万円という大切な老後資金のすべてを証券マンに言われるままに「新興国通貨建て仕組債」につぎ込んでしまったのである。

購入から5年が経過し、いよいよ償還の日がやってきた。ふたを開けてみると、つぎ込んだ1200万円は700万円にまで目減りしていた。

年間100万円の配当があると言われていたのに、実態は真逆で、年間100万円の損失を出していたことになる。

投資実績があまり芳しくないのは知らされていたが、収支が確定し、実際の額を知らされると、女性はわけがわからなくなってしまったという。そこで夫に「500万円を失ってしまった」と告白し、トラブルに発展していったのだ。

「ふざけるな！『年に100万円の儲けが出る』って、ウチのに説明したのはお前だろうが！」

証券会社の若い女性担当者が相手ではらちがあかないと判断した夫は、彼女の上司を呼びつけて、事情を説明させた。

だが、そんなことをしたところで失われた500万円はもう戻ってこない。それを知った夫は怒りを抑えられなくなり、台所から包丁を持ち出すと、「ぶっ殺すぞ！」

と言って証券会社社員を脅迫したのだった。

誰も教えてくれない「怪しげな金融商品」の正体

包丁を突きつけるのは、確かにやりすぎだ。しかし、自分の妻が貯めてきた500万円という老後資金が跡形も無くなってしまったとわかれば、誰しもがパニック状態に陥るのではないか。

元同僚と私が意見を同じくしたのは、この事件が「怒れる高齢者が起こした単発の脅迫事件」では終わらないだろうという点だった。

その理由は、2013年を境にして、2014年から15年にかけて、私が勤めていた大手証券会社を筆頭に、各証券会社はブラジルレアルやトルコリラを投資対象にした新興国通貨建て仕組債を大量に売りまくってきたからだ。

2015年、リオデジャネイロ五輪の開催を翌年に控えたブラジルは、好景気に沸いていた。当時、1レアルは45円台という高値水準にあり、その後もレアル高がしばらく続くと思われていた。

ところがそれから5年後の2020年1月現在、1レアルは25円台にまで値を下げている。実に4割強もの下落である。

これが果たして何を示唆するのか。

2015年当時に1000万円をレアルに投資したと仮定した場合、約5年経った今、当時の1000万円の4割強が失われ、600万円以下に目減りしていることを意味する。ただし、これは直接、円をレアルに投資した際の計算で、実際の事情はこれほど単純ではない。私たちが大量に売りさばいていたのは、新興国通貨建て仕組債であり、通貨価値の下落分だけを失うからくりにはなっていないのである。

つまり、この仕組債という商品をつかまされてしまった人たちは、下落率以上の損失を被ることになる。

こうした金融商品を私たちは大量に販売してきた。

会社を辞めたからといって、「証券会社時代にしたことはすでに自分とは無関係」とは言い切れないと私は感じている。これらの商品が売り出されてから7年が経とうとしており、すでに容疑者Aの妻のように償還日を迎えた人もいるだろう。2020年になってからも償還日を迎える人たちが続々と増えていく。

ブラジルレアル、そしてトルコリラに投資した人たちのほとんどが、元金の多くを失う結果となる。前述のように、レアルに関して言うと、おそらく4割ほどの損失が生じているはずだ。

こんな怪しげな金融商品を、日本の大手証券会社と呼ばれる企業が臆面もなく売りつけてきた。しかもその顧客の多くが、これまで一生懸命働き、堅実に貯金をしてきた高齢者の方たちである。そして、彼らを〝カモ〟にして稼いできたのが日本の証券会社なのだ。


新興国通貨建て仕組債の正体は、証券会社や債券の発行体である売り手側、すなわち胴元だけが儲かり、買い手である顧客は十中八九損するという「悪魔の商品」と言っても過言ではないだろう。

今後数年間にわたり、冒頭の事件と類似のケースが増える可能性は極めて高い。資金を喪失したショックから失望し、自殺する人も出てくるかもしれない。生活が立ち行かなくなり、破綻に追い込まれる人もいるのではないか。
私は今、これらの点を危惧している。

損した「あのお金が返ってくる」可能性

証券マン時代を振り返ってみると、私は紛れもなく「悪魔の商品」の売り子の一員だった。それを思うにつけ、1人の人間として責任を痛感している。

今からでも何か自分にできることはないか——。

会社を辞めてからというもの、自分がしてきたことへの罪悪感と、どうにか状況を変えていきたいという正義感が私の中でうごめいてきた。

そこで考え付いたのが、真実を語り尽くすということだった。それを形にしたのが本書である。

と同時に、私は顧客の方々が被った損失の補填についても考えてきた。果たしてそんなことができるのか……。

さすがにこれについては、「相手が大きすぎる。不可能だ」とほぼあきらめかけていた。しかし、「はじめに」で触れたように、知人や弁護士とのつながりから道が開け、可能性がゼロではないことがわかってきた。

「そんな方法があったのか！」

目からうろことは、まさにこんなことを言うのだと思う。

出し惜しみをせずに、ここで具体的な内容について簡潔に触れておくと、損害を被った人たちによる集団訴訟を起こして証券会社や銀行に弁済を求める方法を取ろうと考えている。これについては本書の巻末で詳しく触れるので、集団訴訟への参加方法などについてはそちらを参照してほしい。

私の願いを改めて表明すると、金融商品によって損失を被った人たちはもとより、正しい投資の方法を模索している人たちに対して、少しでもいいから有益な情報を届けたいという点に絞られる。

それが私のできるせめてもの罪滅ぼしだ。それ以上は何も望まない。

とはいえ、今回の私の告白によって、流れが大きく変わるとは正直思っていない。

私の存在はあまりにもちっぽけで、対する相手はとてつもなく大きいからだ。

だが、私にも正義感はある。微力であり、大きな変化をもたらすことはできないかもしれないが、小さな一石を投じ、少しでも波紋を起こせればいいと考えている。これによって少しでも損失を抑え、失ったものを取り返す手助けができれば幸いだ。

そんな思いから私は本書を記し始めることにした。

第１章

あなたとあなたの親の財産が狙われている⁉

金融商品取引法40条「適合性の原則」を理解する

大学を卒業して就職してから、通算して16年の間、私は証券マンとして働いてきた。その経験を通して一貫して感じてきたのは、「日本のお客様の金融知識、つまり金融リテラシーは皆無に等しい」という事実である。

こんなことを言うと、「何を偉そうに」と思われる人もいるかもしれない。しかし、これが正直な実感なのだ。

まだ20代前半だったころ、私自身にも証券マンとして十分な金融知識などなかったと思う。にもかかわらず、そんな私が担当する顧客に電話で営業をし、「この投資信託は今、買い時ですよ」と伝えると、「そうですか。わかりました。じゃあ、買います」との応答があり、取引が成立してしまうのである。

こちらを信用している証拠だと言えば美談だが、実際にどういったリスクがあるのかなど、先方はまったく尋ねてこない。そんな異常とも言える取引のケースがほとんどだった。この状態は、実は今も大きく変わっていない。

だからと言って、こうした顧客の〝無知〟をいいことに、証券マンたちはいくらでも自分たちの儲けになるような商品を売りつけても構わないのか。

もちろん答えは「ノー」だ。


証券市場における有価証券の発行や売買、その他の取引に関して定めた日本の法律に「金融商品取引法」がある。

この法律の40条は「適合性の原則」について触れている。この言葉は、本書を通して非常に重要なキーワードとなるので、最初に説明しておこう。


40条1号によると、適合性の原則とは「顧客の知識、経験、財産の状況及び金融商品取引契約を締結する目的に照らして不適当と認められる勧誘」を行ってはならないという姿勢を指す。

加えて、日本証券業協会が発行する「営業責任者　内部管理責任者　必携」と題したテキストには「自己責任原則に基づく投資判断は、その顧客が金融商品の仕組み・

リスク等につき十分に理解することが前提条件であるが、適合性が欠ける場合には、そもそも十分な理解を期待することができないことから、投資勧誘の時点における適合性原則の遵守は非常に重要な意義を有する」と明記されている。

つまり証券会社側は、十分な金融リテラシーのない顧客に対して、むやみやたらに商品を売ってはいけないのである。

しかし、これを厳密に遵守している証券会社はほとんどない。

では、証券会社だけに非があるのかと言うと、そうとも言い切れない。

やはり自分の身を守れるのは、最終的には顧客本人だ。相手だけに非を押し付けるのではなく、騙されないように自らも武装しなくてはならない。この点を理解する必要がある。

あなたの金融リテラシーがわかる「5つの質問」

果たして自分には金融リテラシーがあるのだろうか?

それを測るために、次の5つの問いに答え、金融投資を行うだけの資格があるのかどうかを確かめてみてほしい。

金融投資のためのチェックリスト

①1000万円以上の金融資産がありますか？
②外貨建て商品の投資経験はありますか？
③為替取引をした経験がありますか？
④現在、75歳未満ですか？
⑤アメリカの政策金利と為替の関係を理解していますか？

これらの項目すべてに「はい」と答えられるなら、投資資格があると胸を張って答えられる。

一方、1項目でも「いいえ」が当てはまるのであれば、十分な金融リテラシーがあるとは言えず、適合性の原則から外れている可能性が高い。したがって、本来であれば投資に手を出すべきではない。

ただし、これはあくまでも〝原則〟だ。実際は、この条件をクリアできていない多くの人が投資を行っている。仮にこの原則に厳密に従うのであれば、投資をする人の数は大幅に減るだろう。となれば、証券会社は大量の潜在顧客を失い、企業としての存続さえも危ぶまれる。

実情を言うと、金融資産が1000万円以下の人も、アメリカの政策金利と為替の関係を理解していない人も積極的に投資を行っている。それが現実だ。

だが、この状況が、金融リテラシー不足の人たちのリスキーな投資への参加を容認し、資産喪失という重大な問題を引き起こしていると言っていい。

証券業界の「手数料収益の仕組み」とは

これまでのキャリアを振り返りながら、私は証券業界がどのような経緯からおかしな商品を売るようになったのか改めて考えてみた。

私が証券会社に入社した2003年当時、証券会社にはまだまだ〝株屋〟というイメージが色濃く残っていた。事実そのころ、ほとんどの証券会社が株式売買を仲介することでお客様から手数料をもらい、それを収益としていたのだ。その割合は、全体の収益の半分以上を占めた。

業界トップを突っ走る〝天下の〟野村證券が、年間収益の数千億円以上をこの株式売買の手数料で得ていた時代だった。


手数料収益の仕組みを簡単に説明しよう。

例えば、1億円という額の株式売買を行うケースを想定してみる。

証券会社は顧客からの買い付け注文に従って、前場の寄り付きで1億円分の株式を買い付ける。すると買い付け額の1％に相当する額を手数料として顧客から徴収できた。つまり、100万円の手数料が会社に収益として入ってくる仕組みだ。

さらに午後の後場で購入株式が値上がりをし、利益が確定した時点で売りに出す。これにより、1億円プラス値上がり分に対する1％の売却手数料が得られる。

こうした商いの積み重ねで収益を上げ、それを主軸としながら投資信託や債券という金融商品の販売を傍らで行うのが、従来の証券会社の姿だった。私はこのビジネススタイルに憧れて証券マンになったのだ。

ところが、こうした状況は徐々に変化を見せていく。

潮目が静かに変わり始めたのは、１９９０年代後半だった。この時期、株式売買手数料の自由化の波が押し寄せる。各証券会社は顧客を確保するために手数料の値下げ合戦を始め、その結果、株式売買手数料の額は先細りしていく。さらにその流れを加速させたのが、インターネット証券の登場だった。

実際の店舗を持たず、最小のコストで会社運営を行うインターネット証券は、大幅な手数料のダンピングを行い、既存の証券会社から顧客をごっそりと奪っていった。インターネット証券の存在は、私が当時勤めていた会社をはじめ、既存の全証券会社に対して脅威となっていく。

私たちにとって彼らの台頭は、まさに「革命」とも言えるほどの衝撃をもたらした。これを受け、各証券会社は戦々恐々としながら、生き残り策を模索し始める。そうして行き着いたのが、株式売買以外で収益を増加させる道だった。

この流れが複雑怪奇とも言える債券や投資信託の販売へと結びついていく。本来は傍流だった証券会社の収益源がここにきて一気に表舞台に押し出される形になったのである。

だが、それについてとやかく議論する余裕は証券業界にはなかった。生き残りのためには、これまでとは異なる形態に移行せざるを得なかったのだろう。

「インターネット証券」と「銀行系証券」の誕生

業界を襲った変化は、インターネット証券の登場だけにとどまらなかった。

その変化に拍車をかけたのが、いわゆる「銀行系証券」の誕生である。

銀行系証券と言われても、聞き慣れない人もいるかもしれないので、具体的な企業名を出してみよう。代表的存在とされるのが、三井住友銀行（SMBC）、三菱UFJ銀行、みずほ銀行の3つのメガバンクの傘下の証券会社であるSMBC日興証券、三菱UFJ・モルガンスタンレー証券、みずほ証券の3社だ。

これに対して、独立系証券会社としてよく知られるのが、業界で「ツインタワー」と呼ばれる野村證券と大和証券となる。

銀行系証券3社は、時折、色で呼ばれることがある。各社のコーポレートカラーを基にして、「緑」がＳＭＢＣ日興証券、「赤」が三菱ＵＦＪ・モルガンスタンレー証券、「青」がみずほ証券を指している。私自身は、これらの銀行系証券の中の１つで働いてきた。

銀行系証券の誕生は、２０００年を境にして始まった業界再編がきっかけになっている。

「緑」に関して言うと、１９９９年にすでにアメリカのシティグループと資本提携を結び、日興ソロモン・スミス・バーニー証券としてビジネスを始めた。その後、２００１年には、日興コーディアル証券と名称を変えている。

２００６年には、さらなる大変化が「緑」に起きる。この年、不正会計処理が発覚して経営困難に陥ったため、シティグループに支援を求めて、日興はシティグループの傘下となるのだ。

変遷はその後も続いた。２００８年に起きたリーマンショックによって世界的な同時不況が始まると、シティグループは日興の売却を決める。

当初は三菱に売却されると思われていた日興だが、その予想は大きく外れ、２００

9年にシティグループは日興を三井住友銀行（SMBC）に売却する。これによりSMBC傘下の日興コーディアル証券が誕生し、2011年には現在のSMBC日興証券と社名を変える。

業界再編は他証券会社にもおよび、三菱UFJ・モルガンスタンレー証券やみずほ証券も銀行系証券として再出発するのである。

メガバンク系フィナンシャルグループが仕掛けた罠

業界再編の波が収まり、証券業界は落ち着きを取り戻したかに見えた。しかし紆余曲折を経て銀行系証券となった証券会社には、新たな試練が待ち受けていた。緑、赤、青の3社は、いずれもメガバンク系であり、フィナンシャルグループ体制に組み込まれた。

この体制の中核はやはり銀行である。力関係では銀行がその頂点に君臨しており、証券会社の序列は下に置かれる。

一般の人たちのイメージでは、銀行と証券会社はどちらも金融系の企業であり、いい大学を出た人たちが、高給を得て働いているとの印象があるかもしれない。

だが、細かく見ていくと、銀行と証券会社は決して同じではなく、銀行の力のほうが圧倒的に大きいのが現実なのだ。

そして、この枠組みが証券会社にとって足枷となっていく。


日本経済が縮小していくなかで、メガバンクといえどもどこも経営は楽ではない。対策として、銀行内ではかなり前からすさまじい配置転換が行われている。

その動きの最たるものが、コストと人員の削減だ。

この流れの中で、銀行本体の人員削減の受け皿として多くの銀行員が証券会社に出向してくるという現象が常態化していく。

これにより、元々証券会社にいたプロパーの社員は自分たちの居場所を失い、冷や飯を食わされることが多くなった。

銀行側としては、証券会社という最大出向先を得られたという考えかもしれないが、証券会社側にとってこれは迷惑な話でしかない。しかも、彼らのほとんどが銀行時代の高い給料を維持したまま移籍している。おかげで証券の収益は圧迫される一方だ。

典型的な例を紹介してみよう。

例えば、ＳＭＢＣ日興証券の場合、三井住友銀行の部長クラスの社員が出向してくるケースがある。するとある日突然、銀行からやってきた人物が自分の上司になるのだ。

銀行には、暗黙の了解として〝51歳ルール〟というものが存在する。この時点で役員レースから外れた社員に対し、銀行は彼らのセカンドキャリアを見据えて、行きたいところや、本人が納得できる部署に配置転換していく。この配置転換の際には、グループ内の証券会社が都合のいい受け皿になりやすい。

では、三菱ＵＦＪ・モルガンスタンレー証券の場合はどうか。ここの場合、店舗数は大手証券会社よりも少なく、六十数店舗に留まる。しかし、こちらにも本体の三菱ＵＦＪ銀行から落下傘のように人材が出向してくる。

実際、各支店の支店長の半分が銀行出身者によって占有された時期もあった。

みずほ証券も同様だ。みずほ銀行からの出向者が証券会社内の重要ポストに就任するケースが多く、生え抜きの社員たちの感情を逆なでしている。

こうなると、当然ながらプロパー社員たちのモチベーションはガタ落ちになる。サラリーマンたるもの、すべてとまでは言わないが、多くの人たちが最終的には会社のトップになるのを目指して働いている。にもかかわらず、ある日突然、外からやって来た人物が上司になったり社長になったりするのだから、士気は下がる一方だ。

結果として、会社全体の業績が落ちるという悪循環にはまっていく。

証券業界では今、明らかに不健康な状況が起きているのだ。

なぜ強引なセールスを行う証券マンが生まれるのか

現在の証券業界の実情に触れたところで、証券会社の「商い」についても述べておきたい。

証券会社には、上場企業を顧客として社債発行などによる資金調達やM&Aなどのお手伝いをするホールセール（大口）部門と、個人や中小企業を顧客とするリテール（小口）部門がある。

これら2つのうち、私はリテール部門に属していた。そのリテール部門のビジネスモデルについて説明すると、基本的に4つの金融商品を売買していると思ってもらっていい。

まず1つ目は、株式の売買だ。2つ目が債券の売買で、個人向け国債から仕組債、外国債券まで、かなり豊富な種類を用意している。3つ目が、株式や債券をパッケージにして販売する投資信託。そして4つ目が保険の販売で、2000年に許可が下りてからは保険代理店業務にも参入している。

4つ目の保険について言うと、個人の年金保険や法人向けの事業保険も販売しており、着実に収益を伸ばしている。

次に、証券会社はどのような収支体系を築いているのだろうか。

例えば、私が勤めていた証券会社は、全国に約130の支店を擁しており、リテール部門は年間1800億円の収益を上げるのを目標としていた。となると、リテール部門では1カ月に150億円の収益を上げなくてはならない。

大手証券会社はどこも同じようなもので、社内の最も大きな支店には会社の全収益の約3%に当たる額がノルマとして課されていると考えていい。私が勤めていた証券会社の最大規模の支店を例にすると、月におよそ4億5000万円のノルマが課されていた。

この数字を達成しようとすると、投資信託の存在は不可欠になる。その理由は、フロー収益、ストック収益という2つの収益をもたらしてくれるからだ。

フロー収益は、株と債券、投資信託を売買することで顧客から得られる手数料を指す。一方のストック収益は、販売済みの投資信託の運用に対して生じる代行手数料のことだ。

ストック収益については、運用実績に関係なく、投資信託の時価総額の約0・5%が日々、証券会社に入ってきた。

私が勤めていた会社の最大規模の支店には、投資信託関連のストック収益が月に5000万円ほどあった。だがこれだけでは4億5000万円に届かない。そこで、残りの4億円をどう稼ぎ出すかを考えなくてはならなかった。

その計画を立てるのは、支店の推進部長や支店長の役目だ。

彼らはまず、4億円のうち、1億円は株式売買の手数料で得ようと考える。売買手数料の自由化以降、日本株の売買だけでは儲からないので、2~3%の手数料が取れる米国株の取引も積極的に行うのが常だ。当ても売買といって、フェイスブックやアマゾンといった話題性の高い企業の株式を顧客に紹介し、買ってもらったりもする。株式の場合、社内のコンプライアンスが比較的緩いので、少し派手に売買を繰り返し、最低1億円の収益を上げていく。

残りの3億円については、投資信託と債券の売買手数料で1億5000万円ずつ稼ぐのを目標としていた。そのためには、毎月何千億円という額の株式や債券を売買する必要があった。こうして毎月ノルマを達成させていた。

さて、ここから先が証券会社のダメなところだ。支店が4億5000万円の収益を達成したら、ノルマの100%達成となる。では、これでおしまいかと言うと、そうはならない。本社は、全国の130支店を戦わせようとするのだ。

4億5000万円ではなく、1割増しの4億9500万円の収益を上げるように仕向け、それが達成されれば、他支店よりも高い評価を与えていく。こうして終わりのない競争が続いていく。

仮に本社が望むような数字を達成できなければ、支店長の評価は下がる。それが続けば、支店長の職を失ったり、降格人事で小さな支店に異動になる可能性も出てくる。場合によっては、支店長の直属の部下である課長と共に、「成績の低迷はあの2人のせいだ」と判断され、2人そろって小さな支店に異動になるケースもある。これを避けるために、支店長や課長は、がむしゃらに収益を上げるように部下に発破をかける。結果、強引なセールスを行う証券マンも出てきてしまうのだ。

顧客本位とは言い難い「投資信託や仕組債の回転売買」

証券会社の各支店の組織図は、支店長がトップに立ち、その下に営業管理職、営業セールス、並行して総務課が連なるという構造になっている。支店の営業セクションでは課ごとに予算割をし、各課はそれを個人ごとに割り当てていく。

具体的に言うと、中堅の営業マンには月間2000万円の収益目標が課され、一方、若手の営業マンには500万円の目標が課されるといった具合だ。さらに彼らをまとめる課長には、全体で6000万円～7000万円の予算目標が与えられる。

本社から降りてきた目標額だけでなく、各支店では独自に投資信託や債券の販売目標を設定し、毎月1億円ほどの上積みを行うところもある。たいていどこの支店も目標を7つから8つくらい設定し、それらの達成に向けて血眼になる。

株式売買の手数料による収益比率が5割以上を占めていたころは、収益の見込みも立てやすかったが、今はそんな時代ではない。そのため、他の手段を見つけることが求められる。

そこで増えていったのが、投資信託や仕組債の回転売買（ロール）だった。要は、これらの商品の売買を活発にしてもらい、その際に徴収できる手数料を増やそうとしたのだ。だが、この手法は証券会社に都合がいいだけで、顧客本位とは言い難い。したがって、本来であれば控えるべき行為と言っていい。だが、そんなきれいごとばかりを並べていられない場合もある。

例えば、全体の商いぶりが悪く、月末になっても目標が達成できないときは、どんな手でもいいから使いたくなる。夜の8時か9時まで電話による営業を行い、投資信託や債券の新規契約を取ろうとするが、それも難しいようなら、仕方なくロールの注文を取って目標額の達成を目指すのだ。

これが支店のカウンターの裏側で繰り広げられている証券会社の営業利益の創出風景と言っていいだろう。

銀行から証券会社への紹介が「地獄の入り口」である理由

ややもすると執拗と受け取られかねない証券会社の営業スタイルだが、私が証券マンをしていた2000年代は、それが大きな問題になるケースはほとんどなかった。折しも、国が国民に投資を積極的に後押しする姿勢を鮮明にしており、むしろそれが証券会社にとって追い風になっていた。そうした状況を象徴するのが、「貯蓄から投資へ」というフレーズである。

この追い風は、銀行系証券会社にとって好都合だった。

自らのグループ内に銀行と証券会社の両方が存在するため、銀行の顧客を系列の証券会社に紹介できるというルートを積極的に活用できたのだ。

例えば、三井住友銀行の場合、顧客が「投資に興味があるんだけど……」という姿勢を少しでも見せると、紹介についての同意書にサインしてもらった上で、すぐにSMBC日興証券の担当者に引き合わせる。

こう書くと、非常にクリーンなイメージだが、実際のところは銀行員のほうから声をかけるケースもよくある。

「ちょっと有利な商品があるんですけど、ご興味ないですか？」

こんなことを言って、同意書も取らずに前のめりになって紹介したりする。

こうした顧客マッチングの方法は、他の銀行系証券会社も行っていた。

三菱ＵＦＪ・モルガンスタンレー証券の場合は、証券マンを三菱ＵＦＪ銀行に出向させ、銀行員として証券の営業を任せている。顧客に対して、「私は以前、証券マンをしていたのですが、実はこういう商品があるんです。試してみませんか？」と言って、応対しているのだ。

みずほ証券について言うと、「Ｏｎｅみずほ」というキャッチフレーズを通じて銀行との緊密なネットワークを押し出してきた。

その特徴は、ほとんどの支店にプラネットブースというみずほ証券の席を設け、１つの店舗内に銀行と証券会社を同居させている点だ。銀行の支店内に証券マンが常駐しているので、すぐに顧客を紹介できるという利点がある。

こうした営業活動は、銀行と証券会社が協働していないとできない業だろう。

面白くないのは、独立系証券会社である野村證券や大和証券だ。彼らは金融庁に対して、銀行系証券会社のやり方は「公平ではない」とクレームを再三つけている。批判される側の銀行系証券会社は「単なるやっかみだ」と言って無視している状況だ。

金融庁の体質として、銀行に重きを置く傾向があるので、どちらかと言うと独立系証券会社には厳しい態度を取りがちだ。したがって、独立系証券会社のクレームが聞き入れられ、今すぐに何らかの規制が敷かれる可能性は低いだろう。

同グループ内における銀行から証券会社への紹介は、一見すると効率の良いビジネスモデルに映るかもしれない。

しかし、実はこれが顧客にとって「地獄への入り口」になっているというのが私の意見だ。

その理由は、元々預金しかしておらず、とてもではないが十分な金融知識があると思えない顧客が、次々と証券会社に振り向けられているからだ。

こうした紹介が銀行から増えてきたころ、私はいつかこのビジネスモデルが問題になると感じていた。


メガバンクと言えば、超巨大企業であり、同時に公器に近い存在だ。顧客が寄せるメガバンクに対する信頼は厚い。仮に自分が口座を持つメガバンクの担当者から「証券会社を紹介したい」と言われれば、さしたる疑念を抱かずに同意してしまう人もいるだろう。銀行という信用を笠に着て、こうした営業を行うのは独立系証券会社の指摘どおり、フェアではない。

このような〝反則技〟とも言える顧客誘導によって、それまで投資をしたこともない顧客が未知の金融商品に手を出している現実がある。これにより、元々投資をするだけの知識もない人たちが、大きな損害を被っているのだ。
では、その未知の金融商品とはいったいどんなものなのか。
次の章では、私が「悪魔の商品」と呼んでいる債券について詳しく見ていこうと思う。

第２章

「悪魔の商品」に憑りつかれた人々

証券会社が販売する「儲かる商品」とは

証券マンと言えば、基本給がよく、さらに高いボーナスももらっていると想像する人は多いはずだ。一昔前の証券マンに関して言うと、確かにそれは当たっていた。

高給が成り立っていたのは、前章でも述べたように、１９９０年代中ごろまでは株式の売買手数料が固定されていたからだ。仮に年間で１００億円の収益があるとすると、60億円から70億円くらいは株式売買手数料で稼いでいた。だが、手数料が自由化された結果、１００億円の収益があっても売買手数料による売り上げは20億円ほどに縮小していった。

では、証券会社は失われた手数料による収益を何で埋め合わせているのだろうか。

彼らが見つけた解決策は、それまでは主力商品とされてこなかった投資信託や仕組債を販売し、減少した稼ぎを埋め合わせするというものだった。

知っている人も多いと思うが、ここで投資信託とは何なのかを記しておこう。わかりやすく言うと、「顧客（投資家）から集めた資金をまとめ、運用のプロが株式や債券などに投資・運用する商品で、運用の成果が投資額に応じて分配される金融商品」となる。

もう1つの仕組債は、投資信託に比べると耳慣れない言葉ではないだろうか。日本の証券業界では、仕組債を次のように説明している。

「『仕組債』とは、文字通り、一般的な債券にはみられないような特別な『仕組み』をもつ債券です。この場合の『仕組み』とは、スワップやオプションなどのデリバティブ（金融派生商品）を利用することにより、投資家や発行者のニーズに合うキャッシュフローを生み出す構造を指します。こうした『仕組み』により、満期やクーポン（利子）、償還金などを、投資家や発行者のニーズに合わせて比較的自由に設定することができます」

この説明を一度だけ読んで理解できた人は、十分な金融リテラシーを有していると言える。一方、よくわからないと感じた人もいたと思うが、それはそれで構わない。

ここで私が訴えたいのは、「仕組債」というのは非常に複雑な商品で、一般の人たちには非常にわかりにくい商品であるという事実だ。

簡略化して説明すると、「金融的な仕組みを駆使して、満期や利子、儲け（償還金）の受け取りを自由に設定した上で、世界の様々な金融商品に投資していく債券」といったところだろうか。

証券会社は、こうした金融商品を販売することで減少した収益の補填をしようと考えたのだ。

実は、仕組債は最近になって誕生した商品ではない。1990年代にすでに存在していた。だが、種類がどんどん増えて、現在のような規模で販売されるようになったのは、2000年以降だ。

その背景には、世界的な低金利がある。これを嫌う投資家たちは、少しでも金利が高いものを求めたのである。そこで、少しでも見栄えのする商品を作ろうというアイデアが生まれ、株式や金利、為替のマーケットに派生していけるような加工が施された債券が作られていった。

これが仕組債という商品であり、証券会社はこれを売って荒稼ぎを始めたのだ。

「新興国通貨建て仕組債」が売る側に有利なワケ

仕組債の中でも、日本の証券会社が熱心に売りさばいてきたのが、「新興国通貨建て仕組債」だ。私が「悪魔の商品」と呼んでいるのは、まさにこの商品である。証券マン時代、私はこれを扱いながら、常に罪悪感を抱いていた。


新興国通貨建て仕組債は、ある種の麻薬のような商品だ。売り手側である証券マンや銀行員にだけでなく、買い手である顧客に対してもその魔力を行使していく。

注目してほしいのは、直接的には証券業務に関わりのない銀行員までもがこの商品の販売に前のめりになった点である。

その理由とは、彼らが証券会社に紹介した顧客がこの商品を購入すると、自分たちの評価にもつながるからだった。当然の話だが、何らかのインセンティブがなければ彼らだって自分の顧客を証券会社にわざわざ紹介しようとはしないだろう。

新興国通貨建て仕組債については、通常、契約額の約6・5％、高いときは8％近い評価が付いた。しかも銀行サイドと証券サイドの両方に付いてきた。

ちなみに、ここで言う評価とは手数料額とイコールだと思ってもらっていい。つまり8％の評価が取れるケースで1000万円分の債券が売れると、顧客を紹介してくれた銀行の担当者と証券会社側の担当者にそれぞれ80万円の評価が付いてくるのだ。

これらを合計すると評価の金額は160万円になる。このお金がどこから出てきたかと言うと、顧客が支払った1000万円からである。


銀行と証券会社側の双方が同時に評価を受け取れる――。

売り手にとって、これはかなりうまみのある商品だった。


新興国通貨建て仕組債の多くは、主にブラジルレアルとトルコリラを対象にした債券として仕組まれていた。これらの販売が急激に増え始めたのは2013年ごろだ。

この商品には、様々な条項が付随しており、これらが顧客に不利な状況を作り出している。

では、それらはいったい、どんなものなのか。例として、ブラジルレアルを対象とした仕組債のケースを紹介してみたい。

どの新興国通貨建て仕組債にも、通常、高金利が付いてくる。ブラジルレアルの場合は、８・０５％という年利が付与されていた。

満期は５年。最初の３カ月間に限っては、どんな状況でも８・０５％の金利が付くという設定になっている。ここまでなら特に悪魔性は感じさせない。だが、問題はそれ以降に機能する仕組みなのだ。

新興国通貨建て仕組債の多くは、「デジタル型」という方式で運用されている。この方式では、３カ月に一度、利率（クーポン）判定が行われていく。その際、債券に適用される為替レートが決められた水準を上回ると、償還日を待たずに年利の８・０５％が適用されて早期償還が実行されてしまうのだ。逆に決められた水準以下となると、０・１％という低金利の適用が自動的に決定する。

仮にこの仕組債を５年償還の設定で、為替レートが１レアル50円のときに１０００

万円ほど買ったとしよう。5年償還と言っても、先ほど説明したように、購入時から3カ月ごとに利率判定が行われていく。

利率が確定されている最初の3カ月が過ぎ、購入から6カ月後、50円だったレアルは51円に値上がりしていたとする。こうなると、為替の変動が一定水準に達したと判断されて早期償還が成立し、購入額の1000万円がそっくりそのまま戻ってくる。さらに年利8％の3カ月分である2％の利子が支払われ、清算が終わるのだ。

このケースだけを見ると、顧客に損失はない。したがってクレームの類も一切出てこない。ただし、ここで少し考えてみてほしい。

本来なら、円安に振れれば振れるほど、新興国通貨建て仕組債を購入した顧客にとって好都合のはずだ。ところが、一定水準を超えた瞬間、自動的に〝打ち止め〟となり、限定的な儲けだけを付与されて勝手に償還されてしまうのである。一方、円高に振れた場合には、限りなくゼロに近い金利が適用されていく。

このように、売り手にとって非常に有利なルールが設定されているのが仕組債の狡猾なところと言える。こうなるともう、賭博場でイチかバチかに賭けているのと大差はない。

これらの債券は、ノルウェー地方金融公社、デンマーク地方金融公庫、ドイツ復興金融公庫といったヨーロッパの公的金融機関が発行体となっている。しかし問題は、複雑な仕組債という商品を組成するに当たり、いくつもの金融業者が関与している点だ。どこからともなく儲けのにおいを嗅ぎつけたこれらの業者は、発行体である金融機関と販売元である証券会社の中間に入り込み、それぞれが中抜きをしている。

この一連のつながりは、証券会社に勤めている担当者にとっても複雑極まりなく、説明できる人はほとんどいない。

繰り返しになるが、それほどまでに複雑な商品を、元々は投資に興味がなかった顧客に売りさばいているのが証券会社なのだ。と同時に、グループ内の証券会社に自分たちの顧客を引き合わせている銀行も実に罪深いと言っていいだろう。

悪魔の常套手段「早期償還」に騙されるな

当然ながら、お客さんの中には「どうしてこういう複雑なルールが付いているのか」という質問をする人はいる。そういうときは決まって、「こうしたルールを設定するので、高い金利が期待できるんですよ」と答えるのが私たちの常套手段だった。だが、これは真実ではない。

国家の政策金利というのは、通常、その国の中央銀行が定めている。それに準じて、銀行などの金融機関で採用される市中金利が決まっていく。ブラジルレアルに関して言えば、その当時、12%前後の市中金利が付いていた。にもかかわらず、ブラジルレアルの新興国通貨建て仕組債には、8%前後の金利しか付かないのだ。

その理由は、いくつものまどろっこしい条件を付けて、債券の発行体や証券会社などが自分たちの利益を確保するために中間搾取しているからに他ならない。先述のとおり、顧客を紹介してくれた銀行側や商品を売った証券会社は「評価」という名の手数料を前もって差し引いている。これが何よりの証拠だ。

証券会社にとってお客様は大切だ。顧客によりよい金融商品を売り、儲けてもらって感謝されれば、会社の評判も上がり、顧客はさらに増える。

つまり、証券会社が商売の王道を選ぶのであれば、リスクの大きな仕組債ではなく、新興国通貨のストレートの国債ファンドを売り、高金利の恩恵を顧客に享受してもらうべきなのだ。それがわかっていてもしないのは、昔のようなオーソドックスな商売をしているだけでは、証券会社の受け取れるうまみは少なく、コストを十分に支えきれないからだ。

そんな証券会社の思惑にぴったりと合致したのが、仕組債だった。中でも早期償還という設定は、まさに悪魔的、麻薬的である。

損失を被らず、利子まで受け取れれば、強制的に早期償還させられたとしても、顧客としてはさほど不満はない。実際、早期償還を受けた顧客の中には、次のように言って、取引をいったん閉めようとする人もいる。

「まだ1年も経ってないのに、もう返ってきちゃったの？　でもいくらか儲けが出たみたいだね。よかったよ。これでもうやめておくよ」

しかし、証券マンはすぐには引き下がろうとはしない。再び顧客に声を掛け、仕組債の購入を勧めるのだ。

「それではチャンスを逃してしまいますよ。また儲けを狙って、もう1回行きましょう」

こんな調子でセールスをし、再購入を促していく。

ここまで説明すれば、証券会社側が何を考えているのかわかるだろう。ロールによって取引を何度も回転させ、手数料を稼ぎたいのだ。

1000万円の新興国通貨建て仕組債が再び売れれば、売り手には6・5%から8%の評価が付く。仮に1000万円をグルグルと回転させ、年に4回売っていけば、

「1000万円×8%×4回＝320万円」の収入が舞い込んでくる。こうなると、誰もが「おいしい商品」だと思って積極的に売ろうとする。

人口の5人に1人がターゲットにされている

2013年から2015年にかけて、ブラジルレアルを投資対象とした仕組債は、とにかくよく売れた。その背景には、無尽蔵とも言える顧客の存在があった。

現在のような銀行系証券会社がまだ存在しないころ、証券マンたちは新規顧客を獲得するのにひどく苦労した。苦労の末に獲得したお客さんに金融商品を買ってもらい、少しでも損失が出れば、次の商品の購入を勧めるのはかなり難しかった時代だった。

ところが、銀行系証券会社が誕生してからというもの、新規顧客開拓のためにあくせくする数がかなり減っていく。なにしろ、次から次へと銀行から顧客の紹介があるのだ。

お客さんに損をさせたとしても、新しい顧客を銀行から紹介してもらえばいい――。

こんな甘い考えが証券マンに徐々に浸透していった時期だった。証券会社が銀行を中核としたフィナンシャルグループに入るのは、マイナス面ばかりではなかったのだ。ただし、これは証券会社にとって都合がいいだけで、顧客の側に立った考えではない。

今でも変わらないと思うが、投資経験のない人には証券会社が提供する商品の購入はリスクが高いという考えが根強くあり、証券会社を敬遠しがちだ。実際、株式投資に失敗して、資産を減らしてしまった人はたくさんいる。

これとは対照的に、銀行に対して信頼を置いている人はまだまだ多い。その銀行からの紹介となれば、証券会社に警戒感を抱いていた人でも一気にガードを下げてしまうのだ。このインパクトは非常に大きい。

例えば、ＳＭＢＣ日興証券で考えると、抱えている口座の数はおよそ２００万だ。一方、グループの中核である三井住友銀行は２５００万口座を有している。日本の人口を1億2000万人とすると、5人に1人がお客さんなのだ。

このボリュームはあまりにも巨大であり、苦労をして顧客開拓に努めてきた証券会社にとって宝の山のように見える。しかも富裕層が多く住む東京圏と大阪圏にほとんどの口座が集まっており、銀行には紹介可能なお客さんが無尽蔵に存在するのだ。


私自身、この状況を目の前にしてチャンスが山のようにあると感じた。頭の片隅では「『悪魔の商品』を売っている」という罪悪感を抱きつつ、収益を上げるためには仕方がないと自分に言い聞かせることが何度もあった。おそらくあの感覚は、いけないとわかりながらも麻薬に手を出してしまう感覚に似ているのではないだろうか。

さらに言うと、銀行から流れてきた顧客に仕組債を売るのはさほど難しくはなかった。なにしろ、日本は超が付くほどの低金利社会なのだ。銀行に資産を預けていても、ちっとも利息は付いてこない。

そんな不満を抱いている顧客に対し、「8％も金利が付く商品があるんですよ」と囁けば、十中八九、興味を示してくれる。金融リテラシーが低いという弱点に付け込んで、証券マンたちは次から次へと新興国通貨建て仕組債を売りさばいていった。

フェアと言えない「銀証連携」システム

実は、私が勤めていた銀行系証券会社では、2つのグループに顧客を分けていた。

1つ目のグループは、いわば「プロパーの顧客」で、証券マンが自ら営業活動をして開拓したお客さんたちだ。

こうした顧客との間には、これまで時間をかけて構築してきた信頼関係がある。したがって、いきなり家を訪問して、「儲かる商品があるので、買いませんか?」などとはなかなか切り出せない。

ましてや相手が高齢者ともなれば、こんなリスクのある商品を売るのははばかられる。オレオレ詐欺とまでは言わないが、独自に開拓したお客さんを騙すような恰好で商品を売るのはさすがにできることではない。もちろん相手から引き合いがあれば、商品を紹介し、販売はする。

2つ目のグループに分けられていたのは、銀行から紹介された人たちである。私たちが悪魔の商品を積極的に販売していたのは、こちらのグループに振り分けられていた顧客だった。

今振り返ってみると、銀行から紹介された顧客に対して誠意が少し欠けていた側面は否定できない。おそらく「自分が苦労して獲得したお客さんではない」という思いがそうさせていたのだろう。

それにしても、銀証連携というのはつくづくフェアではないと思う。銀行側では「この人の口座にはいくらある」というのが一目瞭然だ。あとはこの情報を基に、一本釣りをすればいい。

「うちのグループに証券会社があるんですけど、紹介させてくれませんか。銀行に預けていただけでは、金利も付きません。ただ、証券会社が扱っている商品に非常に有利なものがあって、年間で数十万円の利子がつくかもしれない商品があるんですよ」

長年付き合いのある銀行からこう言われれば、「ちょっと話を聞いてみようかな」

という気になるのが自然だろう。

銀行と証券会社の両方を擁するフィナンシャルグループには、こうした構図ができあがっていったのだ。この構図は銀証双方にとって都合がよく、その利点を最大限に活用して収益を上げている。


証券会社には、見境もなくリスクの高い商品を販売してきたという責任が付きまとう。だが、銀行も責任の一端を負っていると思う。見方によっては、銀行は自分たちの大切な顧客を切り捨てたとも言えるのではないか。

仕組債の販売から得られる評価に目がくらみ、銀行側は熱心に証券会社に顧客を送り込んできた。それは証券会社にも利益をもたらすことにはなったが、あまりにも節操がないようにも映る。実際、銀行側は仕組債の成約を増やすようにプレッシャーをかけてくるときもあったのだ。

さらに銀行は、グループ内の証券会社の担当者を伴い、融資を行っている取引先や経営者を訪問し、証券会社での新規口座開設や他社の証券口座から保有株の移し替えを勧誘しているという話を聞いたこともある。

仮にこれが事実だとすれば、銀行の「優越的地位の濫用」であり、金融商品取引法や銀行法などに抵触する恐れもある。

こうした歪んだ状況は、一刻も早く是正されるべきではないだろうか。

銀行系証券会社を「銀行」だと思っている高齢者たち

政府は今、投資するように国民を促しているが、この姿勢には問題が多い。日本で大きな資産を抱えているのは高齢者が大半を占める。これが日本の現状だ。80歳前後の人たちに、「金融知識を身に付けて、自己責任で投資をしろ」と迫るのは無理がある。

そうでなくとも、営業マンから執拗な勧誘を受け、場合によっては土下座をしながら懇願する担当者に押し切られ、仕方なく金融商品を買ってしまったりするのだ。

注目してほしいのは、銀行預金の振替を行った上で証券会社の金融商品を購入しているケースだ。この場合、かなりの確率で銀証連携が行われたと見て間違いない。

証券会社の社名の頭にメガバンクの名前が付いていると、何も知らない高齢者は「ああ、〇〇銀行さんね」と早合点して、安心しきってしまう。

こちらが証券会社の名前を付け加えても、ピンと来ていない人があまりにも多く、こうした反応を見ていると、「銀行と証券会社の違いをわかっているのかな」とつくづく感じたものだ。

実際に口座に資金を入れてもらう段になると、銀行内の単なる預金振替のように捉え、「ちょっと金利のいい定期預金なんでしょ」と受け止めている高齢者も大勢いる。

こうした現実を多くの証券マンが実感している中で、「自己責任」を押し付けるのはあまりにも身勝手であろう。

営業マンはしばしば、「これを買っておけば年に3%儲かるので、銀行に預けておくよりはいいですよ」というアプローチをする。こう言われると、損した場合も3%ほどだろうと思ってしまう人もいる。だが実際には、下振れに底はなく、最悪の場合は預けた資産がゼロに限りなく近い状態まで減ってしまうことだってありうる。

銀行の営業部員による顧客の証券会社への誘導手法として、若い営業担当者を活用するという手もよく見られる。

例えば、5000万円の資産を預けている男性の顧客がいるとしよう。すると、若い女性の銀行員を担当者にするのだ。

「Aさん、ちょっと有利な商品があるんですよ。ブラジルのレアルが絡むんですけど、為替が半分にならなかったら儲けが出る商品です。今後はオリンピックも開かれるし、ブラジルレアルは今強いですから。金利は8%くらい付くので、振り替えてみるのはどうですか?」

こんな調子だ。

「あなたがそこまで熱心に勧めるなら、まあいいよ。振り替えてみるよ」

孫のように若く、きれいな女性担当者の誘いを無下に断ることもできず、必要もないのに証券会社に口座を開設してしまう。

実際、こんな流れでオリンピック開催前年の2015年に5000万円分のブラジルレアルの仕組債に投資をし、2020年に償還を迎えるという人もいる。

2015年時に比べると、レアルは現時点で約4割も下落しているので、返ってくるのは3000万円ほどになるだろう。

投資した本人は、「あのとき『いいよ』って言ったのはオレだしな。うまくひっかかったな。しょうがないよな」と泣き寝入りだ。

損失を恥だとして家族にも打ち明けられず苦悩する人々

この世の中で2000万円も損するような出来事があれば、それは普通、詐欺と呼ばれる。実際、5000万円で仕組債を購入した時点で、銀行と証券会社が評価という名の手数料を事前に600万円~700万円ほど抜いているのだ。これはやはり異常と言わざるを得ない。

投資した側には、「オリンピックの開催を控えたブラジル」というイメージがあり、損をするにしても大きなものになるとは思っていない。売り手側も、「いい商品」との宣伝文句で勧誘している。

そして償還期限が迫るころ、担当者から電話がかかってくる。

「すみません。状況が悪化しまして、戻ってくるのは３０００万円だけなんです」

いきなりこう切り出され、買い手はまったく理解できず、どう対応していいのかもわからない。

これだけの損失が出ると、あまりの情けなさに家族に打ち明けることもできなくなってしまう。

担当者からは「世界的に景気が悪くなり、リスクのほうが前面に出てしまって、どうすることもできなかったんです」と告げられるばかり。実際には買い手側が中抜きをしているのだが、そんな事実を知るすべもなく、自分を責めるしかない。

契約時に配布される目論見書には、確かに為替の変化によって損失が出るリスクや、値動きのシミュレーションなどは明記されている。ただし、ほとんどの人がそれをしっかりと確認しておらず、証券会社もそれを承知の上で「しっかりと通知している」という態度を崩さない。これではあまりにも不誠実だ。

繰り返しになるが、証券会社は顧客の金融リテラシーのレベルや投資経験についてもっと詳しく把握するべきなのだ。しかし、そうしたことは一切行われていない。それもせずに預かり資産のすべてを新興国通貨建て仕組債に投資させるような証券会社は、かなり悪徳な企業と言えるのではないか……。

「日常的に行われるルール破り」と「読まれない目論見書」

証券会社の営業マンたちは、飛び込み営業をしたり、元々の顧客からの紹介を受けたりしてプロパーの顧客との関係を築いていく。その一方で、金融再編以降はグループ内の銀行との協働ビジネスも始まり、銀行から紹介される顧客も増えている。どこかの段階で担当者が異動になれば、後任者が担当を引き継いでいくことになる。

関係を長続きさせるには、マーケット情報の提供だけでなく、お子さんやお孫さんの話題を持ち出すなどして、関係を深める努力は欠かさない。アカデミックな顧客であれば、投資情報や投資戦略などの気の利いたレポートを持参したりもする。

その他、誕生日に花を持って行ったり、お酒を持って行ったり、上司と一緒に接待をしたりと、顧客の預かり資産に準じて応対していく。

大手証券であれば、トップセールスマンは100億円くらいの預かり資産を抱えている。例えば、ある大手証券の最大規模の支店に5000億円の預かり資産があるとすると、そのうちの100億円くらいはトップセールスマンが握っていると見ていい。

証券マンたちは、電話営業もすれば、訪問営業もする。電話の場合は、会社が会話内容を録音しているので、断定的な物言いや、強気のセールスはできない。どうしても顧客に商品を買ってもらいたいときは、実際に足を運んで営業を掛けたりする。

証券マンとして困るのは、電話口で「お任せしますよ」と言われることだ。「私、わからないから、任せます」も困る。しかしながら、こういう人たちがたくさんいる。

証券マンは、この状況だと商品を売ることができない。今はＩＴがものすごく発達していて、本社のモニタリングチームが「わからない」「任せる」というキーワードを入力すると、それらの言葉を含む録音データがピックアップされ、調査されてしまうこともある。証券会社には、こうしたチェック体制が設けられているのも事実だ。

しかし、それを厳密に機能させているかと言うと、また別の話になる。キーワードのモニタリングをするにしても、実際には一部を対象に行うだけだ。本気でキーワードを探し出して調査をするとなれば、月に何千億円という商品を販売するのは不可能だろう。

裏返せば、それほど多くの顧客が「わからない」「任せる」という言葉を発していることになる。顧客が状況を理解するまで待っていたら、何千億円という収益は上げられない。つまるところ、「ルール破り」は日常的に行われているのだ。

会社が設定する機械的なルールに沿って、誰も読まないような目論見書を送り、「確認していただけましたか？」と尋ねる。さらに「問題ないですよね？」と確認し、注文を受け付ける。これを済ませ、「ルールに則っているから問題なし」と判断する。

形式だけは作っておき、自らの正当性を担保しておく。

このプロセスを消化すれば、「悪いことは何もしていない」と胸を張れる。

これが証券マンの日常のスタイルと言っていい。

多額の売買手数料で顧客を食い物にする証券マン

自分の資産の収支をしっかりと理解している顧客を相手に、強引な勧誘をする証券マンはまずいない。

これと対照的に、金融リテラシーがさほど高くない顧客が相手の場合は、どうしても無茶な営業をしがちになる。投資した商品の値段がいくらなのか提示しなかったり、投資資産の全体の状況がどうなっているかを明示しなかったりする証券マンもいる。

細かいことは証券会社に任せっぱなしという顧客は、証券マンの恰好の標的になりやすいのだ。

「日本株は今低迷気味ですから、米国株に乗り換えましょう」

「米国株もいいところまで来たので、ここで利益確定させて、次は債券に買い替えておきましょう」

一度標的にされると、投資商品を次から次へと紹介され、結果的に多額の売買手数料をむしり取られていく。

新たな取引のたびに、「これは3％の手数料をもらいます」と断っているのであればまだましだ。しかし、仕組債や米国株の取引の際は、「手数料はかかりません」と言っていたりするから、実にたちが悪い。

外国の商品を売買する際には、売りと買いのときに必ず値段の差が生じる。その差の中から、証券会社は手数料をとっている。しかし、こうした仕組みは顧客に細かく説明しない。

金融商品への投資の際には、マーケットの指標の上下による資産の増減だけでなく、証券会社が徴収する手数料によって目減りする事実にも留意すべきなのだ。

1億円の預かり資産で100億円分の取引をする手法

「自分の親族にも、自社の商品を売りますか？」

こんな質問を投げかけられたら、証券マンはどう答えるだろうか？

もちろん、胸を張って「売ります！」と答えられる商品はある。その一方で、「絶対に売らない！」という商品が多いのも真実だ。

クリアするのが難しいノルマを与えられているとなれば、親族には売りたくない商品であっても、売らなくてはならない状況に追い込まれてしまう場合がある。顧客の利益を最優先させるべく契約のプロセスを厳しくしたからといって、ノルマは減るわけではない。どうにかうまく対応して、契約を取ろうと必死になる。

顧客の家族に新しい口座を開設してもらい、自分が担当する預かり資産をコツコツ増やす努力をする人もいる。興味がありそうな顧客には、儲かりそうな新規公開株を紹介し、関係をつなげていったりもする。仮に大きな儲けが出れば、1億円規模の追加入金を得られるかもしれない。こうした営業活動を地道に行い、証券マンは毎月のノルマをクリアしていく。

ルールに従い節度をもって営業活動ができていれば、まったく問題はない。しかし、実態は異なるケースが多い。


例えば、過度なロールを行って収益を上げるような荒々しい手法が横行している。月に何十回も株や投資信託を売買して、その都度手数料を取っているのだ。仮に預かり資産が1億円しかなくても、100回売買を繰り返したら、100億円分の預かり資産を回しているのと計算上では同じになる。その都度、顧客の資産がプラスになればいいが、損失が出るときもあるだろう。そうなると、顧客の資産を安易に運用しているのではないかという懸念も生じてくる。

一昔前であれば、「証券マンだってサラリーマンだから、収益を上げなくては生きていけない」という言い訳が多少は通じたのかもしれない。だが、そうした言い逃れはもはや通用しない時代だ。

2017年、金融庁は「顧客本位の業務運営に関する原則」を提言し、金融機関に対してフィデューシャリー・デューティーを徹底するように指示を出した。

フィデューシャリー・デューティーとは、「フィデューシャリー（受託者）」と「デューティー（義務）」をつなげた言葉で、「信認を受けた者が受益者に果たすべき義務」を意味する。

この義務を課された金融機関には、顧客本位の業務運営が求められている。さらに、資産を預けている顧客に対しては、利益を最大限にすることを目標とし、利益相反を適切に管理すべきとの文言も付されている。

過度のロールは金融庁の方針から完全に逸脱するものであり、フィデューシャリー・デューティーに反しているのは明白である。

金融庁が金融機関に対する義務を強化しているにもかかわらず、顧客の利益に反するような行為が実際に行われている……。これが現実であり、異常と言える。

その実態については、次章でさらに掘り下げていく。

第３章

売り手側の“騙し”の手口

「ＢＲＩＣｓ」という言葉に翻弄された日本人

新興国通貨建て仕組債が流行り病のように市場に出回り始めたのは、２０１３年のことだった。それが主にブラジルレアルとトルコリラを投資対象とした商品だったのは、すでに述べたとおりだ。

ブラジルはこれからどんどん成長していくらしい――。

多くの日本人がこの予測に取り憑かれたきっかけとしては、「ＢＲＩＣｓ」という言葉の流布が大きかったのではないか。

ご存じの人も多いとは思うが、念のため、この言葉についておさらいしておく。

ＢＲＩＣｓとは、ブラジル、ロシア、インド、中国の英語表記の頭文字を取ったもので、２０００年代以降に経済的に急成長を遂げた新興国を指す。

２００１年、投資銀行として知られるゴールドマン・サックスの経済学者、ジム・オニールが投資家向けレポートの中で初めて言及し、それがのちに世界中に広まった。

このレポートの衝撃は大きかった。これを境に、ブラジル株式ファンド、ロシア株式ファンド、インド株式ファンド、中国株式ファンドと銘打った投資信託が次々と売り出されていったのだ。

実際、これらの国々の成長ぶりには目を見張るものがあった。

レポートでは、2010年には中国が日本のGDPを追い抜くと予測されていた。だが実際には、それよりも2年早い2008年に中国は日本を抜き去ってしまう。

ブラジルの経済も好調だった。2000年代の穀物、鉱物資源の世界的な高騰も後押しとなり、一気に存在感を強めていった。2016年のリオデジャネイロ五輪の開催も決まり、ブラジル経済への期待は高まる一方だった。

2000年代に関して言えば、投資先は基本的に株式であり、健全だったと言える。換金性も高く、複雑ではなかった。

ところが、リーマンショックを経た2010年あたりから状況が変わっていく。

アメリカはそれまで低金利政策を取ってきたため、資金はアメリカから流出していた。しかし、2010年ころからいったん金利を徐々に上げ始めた結果、アメリカへの資金還流が始まったのだ。これにより、新興国から資金が逃げ出し、財政収支が一気に悪化していった。このころから「ＢＲＩＣｓ」という言葉はあまり聞かれなくなっていく。

日本人にとってブラジルは地球の裏側に位置する国だ。ほとんどの人が訪れた経験もないはるか遠い異国である。

「資源が豊富で、五輪を開催できるほどの成長を続けている」という類の評判だけが独り歩きし、日本人の意識の中にはブラジルに対するポジティブなイメージが残り続けた。その状況で注目を集めたのがブラジルレアルを使った仕組債だった。

もう一方のトルコリラを使った新興国通貨建て仕組債も、イメージ先行で注目が集まった印象が否めない。

トルコと言えば、親日国……。嘘か真か、多くの日本人がそう信じて疑わない。

さらに２０１４年にレジェップ・タイイップ・エルドアンが大統領に就任すると、強権的なリーダーシップを発揮してトルコを引っ張っているというイメージが根付いていった。こちらも日本から遠く離れている国だ。そのせいか、「シルクロードのヨーロッパ側の玄関口」などの情緒的な言葉ばかりが語られる。

それだけに、しっかりと実態を把握する必要がある。

それによって見えてくるのは、いずれの国も2010年の中ごろから経済発展が足踏みを始め、財政収支が赤字に転落しているという厳しい状況である。これを受けて、リアルとリラの通貨安が続いているのだ。

両国のこうした現状を認識しているにもかかわらず、日本の証券会社は新興国通貨建て仕組債を売りまくってきた。これを「悪魔の商品の売り子」と呼ばずして、何と呼べばいいのだろうか。

あなたの資産を食いつぶす「悪魔の商品」の仕組み

新興国通貨建て仕組債は「悪魔の商品」である。これが私の揺るぎない考えだ。

そこまで言い張るには、理由がなくてはならない。これまで話してきた内容は、序の口だったと思ってもらっていい。新興国通貨建て仕組債がどれだけ顧客の資産を食いつぶしてきたかを知れば、それがわかってもらえるだろう。

まずは、２０１４年に購入した１０００万円のブラジルレアルを対象とした新興国通貨建て仕組債を例として、５年を経て償還日を迎えた２０１９年の時点で、どのような状態になっているのかを改めて検証してみようと思う。

２０１９年12月20日時点で、１ブラジルレアルは26円85銭だった。次に時間を遡り、２０１４年の年間平均の為替レートを見ると、45円04銭である。図表１を見てもらえばわかるように、２０１６年から２０１７年にかけて一時的に緩やかなレアル高になっているが、基本的には下落を続けている。

ということは、３カ月ごとの利率判定で一定水準を上回り、早期償還を迎えたケースはかなり少ないと見ていい。その間、私自身が証券マンとして仕組債に携わっていたので、早期償還がほとんどなかったのをこの目で実際に確認している。

つまり、過去5年間は利率判定で状態的に一定の水準を下回り、０・１％という低金利が自動的に適用されてきたというわけだ。

低金利が適用されたのは、どうにか大目に見てもらうとしよう。問題は為替レート

図表1　ブラジルレアルおよびトルコリラの為替変動率

※2010年1月時点のレートを100%として算出

の変動である。５年の歳月を経て、レアルは45円台から26円台にまで大幅下落している。下落率は何と約４割。つまり、１０００万円の債券が６００万円になって償還されることを意味するのだ。

次にトルコリラを対象とした仕組債についても見ていく。

２０１９年12月20日の時点で、１トルコリラは18円19銭である。一方、２０１４年の年間平均レートは48円39銭だ。図表1を見ればわかるように、リラも２０１４年以降、下降を続けてきたと言える。

レアルよりも悲惨なのは、一度も持ち直す局面がなく、下げ続けてきたことだ。であれば、早期償還が適用されたケースはほぼないと受け止めていい。さらにこの間の下落率は6割を上回る。つまり、投資した1000万円はこのまま償還されると400万円以下になってしまうのだ。

私が仕組債を「悪魔の商品」と呼んでいるのは、顧客に与える損害がとてつもなく大きいからなのだ。

「ブラジルレアル仕組債」と「トルコリラ仕組債」の違い

少々専門的になるが、実はブラジルレアルの仕組債とトルコリラの仕組債は厳密に言うとタイプが異なっている。その点についてもここで説明しておきたい。

まず、ブラジルレアルの仕組債だが、こちらはリンク債（通貨連動債）というタイプで、日本円で相手国通貨建ての債券を購入するものだ。こちらの債券の場合は、償還日に日本円で資産が戻ってくる。

一方のトルコリラの仕組債は、デュアル債（二重通貨債）と呼ばれるものだ。こちらは日本円で相手国通貨建ての債券を買い、償還のときには相手国通貨で返ってくる。

したがって、償還時には投資した額のリラを手にすることになるのだが、2014年時点と2019年12月20日時点の為替レートを見ると、リラは約6割も落ち込み、価値は激減している。

リラの仕組債を購入した人も、大きな損害を覚悟しなくてはならない。

残された光明は、為替がリラ高になるのを待ち、有利な相場に転換したら売るという手段が残されているところだ。しかし、それがいつになるのか、それが実際に起きるのかは誰にもわからない。

レアルであれリラであれ、「有利な商品がある」という誘い文句はいったい何だったのかと、買い手側としては激しい怒りに打ち震えているはずだ。

損失を被ったのは、顧客のみだ。売り手側の証券会社は、販売時にすでに手数料を抜いており、自分たちの儲けは確保している。

途中で早期償還があり、その後、繰り返して販売できたとすれば、手数料の上乗せもあったはずだ。為替レートが下落して顧客に損失が発生しても、証券会社にとっては痛くもかゆくもないのである。

損する前に読むべき「5つのケーススタディ」

証券マンたちは、顧客から資産を預かり、ハイリスクな新興国通貨建て仕組債を含む様々な金融商品を販売し、資産運用のお手伝いをするのを生業としている。

これまでにも述べてきたこの業務を遂行するに当たり、具体的にどのような顧客がいるのか興味を抱いている人もいると思う。そこで実際に私が目にしてきた典型的なケースをいくつか再現してみたい。各ケースの紹介のあとに、本書の共著者であるあまた法律事務所の豊川祐行弁護士のコメントも添えておく。

ケース1　A・Mさん　80歳男性／無職／収入は年金のみ

Aさんは銀行から紹介された顧客だった。預かった資産は2000万円。リスクはあまり取らずに、バランスよく投資したいという要望だった。そのため、新興国通貨建て仕組債を販売するのは見送った。預かり資産のほかに金融資産はあるのか尋ねると、他に5000万円ほど保有しているという。

Aさんのような人に対して、私たちはどういったアプローチをするのかというと、2000万円を1000万円ずつに分け、運用していく。

通常、まずは2つの異なる投資信託に1000万円ずつ投資する。あまり派手な買い替えはせずに、同じものを持ち続け、1年後には140万円の運用益を出せた。

これだけ見れば、かなりの高実績だが、証券会社はAさんの収益を上回る210万円もの手数料を徴収している。

弁護士のコメント

高齢であり、年金収入しかないAさんの状況を考慮すると、証券会社はAさんの投資の知識や経験などまで正確に聴取しなければならない。それを怠ったとなれば、適合性の原則に違反している可能性がある。また、契約締結前交付書面の交付と共に、手数料についての説明を尽くしたとは言い難いため、説明義務に違反している可能性もある。

ケース2　S・Iさん　81歳男性／無職／収入は年金および利子配当

Sさんも銀行から紹介された顧客だ。預かり資産は1億1000万円である。

高齢なので、ハイリスクは避け、バランス投資を希望している。金融資産は5億円ほどあるという。

Sさんの取引履歴を見ると、様々な金融商品を売買していた。これにより、証券会社が多額の手数料を得ているのがわかる。とはいえ、これまでマーケットがうまく動いてきたので、Sさんには1960万円の運用益が出ている。

しかし、その裏側では2000万円もの手数料を取られている。ロールが行われなければ、手数料はここまで膨れ上がらず、運用益はもっと多くなっていただろう。ただしこのケースでは、十分な利益が出ているので、Sさんからクレームが付くことはないはずだ。

弁護士のコメント

高齢かつ年金と利子収入しかない状況であるため、Sさんの金融知識や経験を詳しく聴取しなければならず、それを怠ったとなると、適合性の原則に違反している可能性がある。また、Sさんの知識や経験を考慮せずに、手数料徴収を目的として証券業者が主導してロールを行ったとすれば、過当取引としても違法であると考えられる。

ケース3　N・Yさん　72歳女性／無職／収入は年金と利子配当

Nさんからの預かり資産は２８００万円。多少のリスクは取るので、ハイリターンを求めていた。預かり資産を含めて全資産は５０００万円である。

Nさんのケースでは、投資信託のロールが何度も繰り返されていた。

マーケットの状況は悪くなかったが、４００万円もの手数料が徴収されているため、儲けは50万円に留まっている。

弁護士のコメント

本ケースでは、証券会社はNさんから全資産の56％もの資産を預かっているという状況がある。その状況下、年金と利子収入しかない高齢者を投資に勧誘したことは「適合性の原則」に違反している可能性がある。さらに、ケース2のSさん同様にロールを繰り返しており、過当取引として違法の可能性がある。

ケース4　T・Sさん　75歳女性／主婦／収入は年金

預かり資産は１８００万円。投資の目的は資産を増やすためであり、値上がり追求型を望んでいた。全資産は５０００万円弱。Ｔさんのケースでも、とにかく金融商品のロールが繰り返されている。

Ｔさんのケースでは１００万円の損失が出ていた。一方で、証券会社は１６０万円の手数料を取っており、まったく損はしていない。

ロールを無暗に行っていなければ、Ｔさんには運用益が生まれていたかもしれない。

弁護士のコメント

ロールが行われなければTさんに運用益が発生した可能性を考えれば、Tさんの投資知識、経験などを正確に聴取していたと言えるのか疑問である。さらに、ロールが繰り返されていたことから、手数料を得るために証券会社が主導して行っていたと言える可能性があり、過当取引として違法の可能性がある。

ケース5　O・Tさん　74歳男性／会社役員／収入は役員報酬

Oさんは74歳だが、会社役員を務める現役サラリーマンだ。

無職の顧客には、支店の課長から指示が出され、「あまり無理をせずに、収支でトントンとなるくらいに売買しろ」と担当者にくぎを刺す場合がある。

だが、現役のサラリーマンで、しかも会社役員となれば話は別だ。資金も潤沢にあると考えて、「いくらでも引っ張れる相手」と考える。したがって、多少の無理も大目に見てしまう傾向がある。

Oさんの場合、預かり資産は4300万円で、投資目的は値上がり追求型を希望していた。ただし、この目的設定は、半ば誘導尋問のような形で決まったようなものだ。おそらく担当者は「Oさん、毎月の役員報酬もあるのですから、思い切って行きましょう」などと言い、資産を引き出したのだろう。

実際のところ、大切な資金を証券会社に預けるとなると、慎重になる人は多い。顧客から積極的に「値上がり追求で頼むよ」と言われるのは稀だ。

Oさんの金融資産は5億円もあった。これを聞いた担当者は、積極的にロールを繰り返した。結果は上々で、1年間で500万円の運用益を出している。

この期間、証券会社が受け取った手数料は、4300万円の預かり資産に対して600万円だ。つまり年間で14%ほどの手数料を取っていることになる。

14%と言ったら、クレジットカードでリボ払いやキャッシングをして取られる金利とさして変わらない年率である。冷静に考えれば、こうしたやり口は、ほとんど「ぼったくり」に近いと言っていいのではないか。

弁護士のコメント

本ケースでも、まずは「適合性の原則」に従い、Oさんの投資に関する知識や経験、投資目的などを丹念に聴取し、投資に適する人物かどうか確認しなければならない。しかしながら、同原則に従った勧誘がなされ、その上で契約に至ったとは言えず、違法であると考えられる。

悲惨な状況で「損失を取り返したい」と訴える高齢者

ここまでのケースは、ひどいとは言っても、顧客の資産を食いつぶすような状況まではには至っていない。

一方、次に紹介するのは新興国通貨建て仕組債が絡んだ事例であり、顧客は悲惨な結果に見舞われている。

ケース6　H・Mさん　81歳男性／無職／収入は年金と家賃収入

Hさんからは7000万円ほどの資産を預かっていた。そのうちの2000万円を1000万円ずつに分け、ブラジルレアル建ての仕組債に投資。最初に投入した1000万円については、5年の償還期を迎え、4割損の600万円ですでに返ってきている。

Hさんは独身の資産家で、資金にはかなりの余裕があった。銀行からの紹介がきっかけとなり、私が勤めていた会社との取引が始まっている。弟の娘である姪が家族のような存在で、過去の契約の際には、一、二度、この姪が同席していた。

直近5年間の取引履歴を見ると、当初は1億円ほどの預かり資産があったのがわかる。毎年500万円から1000万円の損失を出していたが、前年についてはマーケットの状況がよく、500万円ほどの利益を得ている。

いずれにしても、5年で3000万円の損失というのは、穏やかではない。

あるとき、Hさんの口座が本社のチェックに引っかかったことがあった。その当時、営業管理職を務めていた私は、担当セールスに事情を説明するよう指示している。

それによると、ブラジルレアルで被った損失を取り返すために、今持っている債券をすべて売り、違うものに買い替えたいとHさんが言い始めているとのことだった。だが、仮に担当セールスがそのように承知していても、社内的に問題になったりするケースも出てくる。そのため、総務課長や支店長、もしくは営業管理職が過去の履歴を見て「買い替え」にストップをかける場合もある。

そこで私は、「本当にご本人はまだ投資を続けたいと言っているのか？」と担当セールスに問いただした。

担当セールスから返ってきた答えは、「本人はやりたがっています」というものだった。だがこのとき、私はいったんストップをかけさせた。そしてその後、実際に担当セールスにHさんのところに向かわせ、改めて意思の確認をしてもらった。

売ってはいけない人に売ってしまう証券会社の現実

訪問から返ってくると、私はすぐに担当セールスから話を聞いた。すると、びっくりするような内容が明かされた。

「実はHさん、最近物忘れが出始めているんです……」

「おいおい、ちょっと待てよ」

嫌な話を聞かされた気分だった。そういう状態なら、商いをする前に報告すべきだろう。

「でも、完全にボケているという感じではなくて、そういう兆候があるだけだと思うんです……」

現場の人間は、やはり契約をまとめて自分の評価につなげたい。だからどうしても無理をしがちになってしまう。

担当セールスの説明だけでは何とも判断し難いので、私はHさんに時間を作ってもらい、担当セールスと共にご自宅を訪問した。

「Hさん、担当者の上司の西田です。少しお話をしたいと思ってお伺いしました。大変失礼ですが、Hさんは現在、81歳ですよね？」

まずは年齢の確認をさせていただいた。すると、こんな答えが返ってきたのだ。

「えっ、嫌だな。81歳じゃないよ。オレはもっと若いよ！」

この返事を聞いてすぐに、「これは認知症の可能性が高いな」と私は感じた。

さらに続けて、商品について聞く。

「じゃあ、ブラジルレアルの仕組債をどれだけ購入したか教えてください」

こう切り出すと、「えっ、そんなの買った覚えないんだけど」という驚きの言葉が発せられたのだ。

平静を装いながら、私はHさんの保有残高の確認書を取り出し、「これは確認書なんですが、見ていただけますか」と伝えた。

この確認書には、お客さん自身で住所を書き込んでもらう欄がある。ところがHさんは自分の住所をしっかりと書けなかった。Hさんに問題があるのは間違いないようだった。

「Hさん、申し訳ないのですが、ご記憶が薄れていく症状が出ているのかもしれません。こうなると、新たな商品の売買は難しくなります。顧客保護の観点から商品のご案内は停止せざるを得ません」

私は事情を丁寧に説明した。しかしHさんは、それ自体の理解も難しそうな様子だった。

もし、ここでストップをかけなかったら、売買をまた繰り返し、資産をさらに目減りさせてしまうかもしれない。にもかかわらず、証券会社は往々にして相手の状況から目を背け、取引を続行して収益を上げていこうとする。

ここで考えなくてはいけないのは、第1章で説明した「適合性の原則」だ。金商法には、「顧客の知識、経験、財産の状況及び金融商品取引契約を締結する目的に照らして不適当と認められる勧誘」を行ってはならないという項目がある。Hさんは明らかに「勧誘を行ってはならない」人に当てはまる。

この場合、証券会社はルールに従わなくてはならない。だが、実際の現場でそれを厳格に守っているかというと、そうではないことも多い。やはり商売なので、あと少しで予算を達成という状況にさらされると、判断がどうしても甘くなってしまうのだ。しかも、認知症のようなケースになると、医学的な知識なしでは判断も付きづらい。

Hさんに関して言うと、最終的に口座は凍結され、それぞれ1000万円ずつ投入していたブラジルレアルの仕組債はどちらも600万円で償還となった。その他の商品についてもすべて解約が決まり、損失を出したまま口座は閉められた。

弁護士のコメント

そもそも当初の契約時、Hさんに自己が投資を行うという認識があったのか疑問であり、このような人物に投資を勧めるのは適切ではなく、「適合性の原則」に違反している可能性がある。また、Hさんの資産が豊富にあることから、営業担当者が実績獲得のために積極的に契約を推し進めたことが伺われ、本ケースの契約は違法の可能性がある。

親からの相続により5億円の資産を持つ女性

悪魔の商品に手を出してしまうのは、何も高齢者だけではない。裕福な中高年層がこの商品に投資するパターンも多い。次に紹介するのも、そうした事例の1つである。

ケース7　Y・Tさん　40歳女性／無職／収入は親からの相続資産

Yさんとの付き合いが始まったのは、銀行からの紹介がきっかけだった。最初の結びつきは、私が懇意にしていた銀行の支店長との会話から始まっている。

「うちの支店のお客さんに、5億円の金融資産を持つ資産家の娘さんがいるんですよ。紹介するので一度会ってみませんか?」

もちろん私は、「ぜひ」と即答した。

その後、銀行の支店を訪れて、支店長の同席の下、Yさんと面会した。彼女は支店長からはすでにブラジルレアルの仕組債について聞かされており、購入に興味を持っていた。これなら話は早い。しかも、5000万円を投入したいという意向だった。購入して3カ月後、このときは通常より高めの10%の金利が付いて早期償還となった。年利10%の3カ月分である2・5%が5000万円に対して掛かり、元金のほかに125万円の利子が付いてきた。

このときのYさんは、とても嬉しそうだった。そりゃそうだろう。たった3カ月で125万円もの利益を受け取れたのだ。これまでお金を銀行に預けるだけだった人にすれば、夢のような話と言ってもいい。これを境にして、Yさんはブラジルレアルの仕組債にのめり込んでいく。

私が再投資を勧めると、Yさんからは「今度は少し金額を増やします」との反応があった。

「では次は1億円を投資しましょう」

こうしてYさんは1億円を仕組債に投じていく。

するとまた一定水準以上の相場展開となり、3カ月で早期償還になる。今度は前回よりも儲け幅が大きく、再び年利の3カ月分が適用されて250万円もの収益が上がった。

2回連続で儲けが出て、Yさんは「これはいいわね」と言って上機嫌だった。

その後、Yさんを紹介してくれた銀行の支店長は異動となり、関係が断たれてしまう。支店長とYさんの間には信頼関係が築かれており、支店長は仕組債にのめり込もうとしているYさんにブレーキをかけようとしていた矢先だった。ところが異動によって、ブレーキ役がいなくなってしまうのだ。

新しく赴任してきた支店長はそうした過去の経緯をまったく知らず、Yさんにさらなる投資を勧める姿勢を取った。

一方のYさんとしては、信頼していた前の支店長に勧められたから仕組債を買った側面が大きく、2回続けて儲けが出た時点で少し時間を置こうと考えていた。

だが、新しい支店長にはそんなYさんの考えに寄り添う気持ちなどなかった。

「もっといけるはずだ」と感じた銀行の新支店長は、証券会社側への要請を強めていく。私は支店長から毎回のように同席を頼まれ、「まだ勝てますから、投資しましょう」と熱心な勧誘を行った。実際、これまで2回連続で儲けが出ている事実もあり、Yさんに迷いがないわけではなかった。

「わかりました。じゃあもう一度だけ。1億円、お付き合いします」

Yさんはついにこちら側の勧誘を受け入れた。だが、これがのちに大きな判断ミスとなるのだ。

「評価」という名の手数料が見えにくいカラクリ

契約から3カ月後、前回、前々回とは異なり、今度は3カ月での早期償還にはならなかった。

新支店長にとって、Yさんは顧客の1人に過ぎなかったようだ。5億円の資産があるYさんには、まだまだ余力があると考えた。

「これはチャンスですよ」

矢継ぎ早に営業をかけて、次の3カ月でもう2億円、さらに次の2カ月のうちに1億5000万円、合計で4億5000万円をブラジルレアル建ての仕組債に投入してもらう段階にまで引きずり込んでしまう。

ところが、このころからレアル高の局面は現れず、継続的な値崩れが続いていく。こうなるともう、目も当てられない。前述のように、為替が一定水準以上下振れしてしまうと、自動的に金利は0・1%に設定されてしまうのだ。さらにレアル安による含み損を抱えることになり、Yさんの資産は減っていく一方だった。

ここがまさに、仕組債の「悪魔」たるゆえんであった。

早期償還、および一定水準以下での利率判定による低金利適用という複雑な条件を商品に付与することで、結局は売り手だけに有利に機能するように設定されている。その裏で、買い手の多くが負け続けていくのだ。

さらにこの商品のいやらしいところは、「評価」という名の手数料の存在を買い手に見えにくくしている点だ。証券会社から送られてくる目論見書を読み込んでも、仕組債の購入時に手数料が取られるとは一切書かれていない。

では、どのようにして売り手側は評価を取っているのだろうか？

そのからくりは、円とレアルの為替スプレッドの幅を大きくするという手法に隠されている。これによって生じた差額を自分たちの評価に振り分けているのだ。

多少の知識がある人なら、為替取引をする際には「ＢＵＹ」と「ＳＥＬＬ」で金額の差があるのはわかるだろう。例えば、「１１０円」で買った1ドルは、売る段になると「１０８円」にしかならないといった具合だ。この差がスプレッドであり、この幅を調整して得た利ザヤを評価として、売り手側は自分たちの懐に入れている。

こうした方法を用いて自分たちが利益を得ている状況を見えにくくし、あたかも手数料を徴収していないかのように見せかけているのだ。こうした仕組みは、投資経験の浅い人にはなかなか見抜けないだろう。

親から相続した資産のうち2億円弱が5年で消えた

Yさんは、自分の資産が目減りしているのを見てやきもきしていたが、二度連続で計375万円の利益を得た記憶もあり、「もう少し我慢するわ」と言ってひとまず状況を見守ることにした。

ところが、ここからマーケットは回復することなく、0・1%という、ないに等しい金利の適用が続いていく。

月日は流れ、最後の投資から4年半が経過した2019年12月。この時点で、購入時45円台だったブラジルレアルは4割下落し、26円台という落ち込みようだ。

4億5000万円を投入した債券は、いよいよ2020年に償還を迎える。

為替レートの悪化のため、おそらく満期時には2億7000万円ほどしか戻ってこないだろう。仮にそうなれば、1億8000円の損失を被らなければならない。

さらに悪いことに、仕組債の損失を取り戻すべく、Yさんは残りの資産の5000万円を米国株と投資信託に投入していた。こちらでも1000万円の含み損を抱えているのだ。

親から相続した資産のうち2億円弱がたった5年で消えてしまう……。

Yさんは今、どうしたらいいのかわからない不安定な精神状態に陥っている。

本人としては、初めの段階で利子を受け取って喜んでいた手前もあり、その後の投資も自分の意志で行ったものと捉えている。今さら悔やんでも悔やみきれない思いを抱え、自らを責めるしかない毎日を送っているようだ。

弁護士のコメント

本ケースでは、まず、証券外務員の資格のない銀行支店長が、契約を締結する方向で話を進めてしまったことに問題がある。さらに、契約締結前交付書面における手数料に関する内容がYさんに誤認を与えた可能性がある（例えば、手数料を説明する項目で「購入対価のみお支払いいただきます」との記載があれば、通常一般人が、手数料も含まれると読み取ることは不可能である）。書面の内容を補う口頭での説明も尽くされていたとは言えない可能性が高い。本ケースはいずれの行為についても違法の可能性がある。

金融リテラシーの高い人に仕組債を売らない理由

Yさんのケースを見てもわかるように、仕組債というのは本当にひどい商品だと改めて思う。顧客が高利子を受け取れないように早期償還という条件を付け、逆にマーケットが顧客にとって不利になると、低金利を適用し、継続して資金を抱え込む。このような設計は、顧客の利益を無視するものでしかない。

特に早期償還は曲者だ。顧客にも一応儲けが出るので、文句はなかなか付けられない。その一方で、これが起きると証券会社はロールに持ち込みやすい。新たな投資を引き出せれば、証券会社は再び評価という名の手数料を徴収できる。

こうしたからくりを熟知しているプロの投資家は、早期償還条件が付いている商品には手を出さない。そもそも真っ当な投資商品には、早期償還なんて付いていないと考えていい。

それでも顧客に幾ばくかの儲けが出ているときはいい。トラブルになるのは、やはり損失が出たときだ。償還日が近づき、損失額が明らかになると、「こんなルールがあったなんて、聞いていない」との苦情が出て、大もめになる。

実際は、目論見書にも書いてあるし、証券会社側も契約の際に一通りの説明はしている。ただし、早期償還や利率判定などのルールが、どれだけ顧客にとって不利になるかという説明まではわざわざしない。

本来であれば、顧客は目論見書をしっかりと読むべきなのだ。だが実際は、100人中、100人が読まない。

仮にしっかりと読むお客さんがいて、「○ページにこういう文言があるけど、どういう意味ですか？」と尋ねたとしても、証券マンもいちいち目論見書を隅から隅まで読んでいないので、即答できないだろう。それほどお粗末な状況なのだ。

さらに言えば、目論見書を読むような人は金融リテラシーが高いので、証券マンはそういう顧客に仕組債を売るようなことはまずしない。


ブラジルやトルコのような新興国の通貨を投資対象とした仕組債を扱っているのは、タイやマレーシアといったいわゆる金融発展途上国の証券会社ばかりという特徴にも目を向けてほしい。日本は金融発展途上国ではないはずだが、それらの国よりも積極的に多額の資金を投入している不思議な国なのだ。

それにしても、日本の大手金融機関がこの手の金融商品を売りまくっている状況はどう考えてもおかしいではないか。

「証券会社に勤めていた張本人のおまえが言うな！」という批判は真摯に受け止める。それについては言い訳の余地はない。

遅きに失したかもしれないが、仮に許されるのであれば、この状況を少しでも変えたいというのが私の偽らざる思いだ。

財閥系の銀行と証券会社というブランドを背景に、安心と信頼をちらつかせながら、「年率8％以上の商品ですよ」という触れ込みで投資を呼び込むのは、やはり公正ではない。8％儲かるのであれば、反対に8％、もしくはそれ以上損する可能性もあるのだ。その点をしっかりと説明せず、大手企業のブランド力を巧みに利用して顧客を惑わす行為は今すぐやめるべきだ。

ハイリスクな商品に全資産を投入させるテクニック

売るべきではないとうすうす感じてはいても、どうしても売らざるを得ない……。これが売り手側の言い分だろう。証券マンと「数字」の間には切っても切れない関係がある。

「数字を作るためならしょうがない。ゴリ押ししないように気を付けながら、もう少しだけ様子を見てみよう」

個人のノルマが達成できていない担当セールスが、こうした立場をとってしまったとしても何ら不思議ではない。

証券マンたちは、独自の世界に生きながら「あと100万円、もう少し頑張って200万円の資金を預けてもらおう」と考え、働いている。

私自身が営業管理職を務めていたとき、顧客の預かり資産の額を見て、「もしかしたら、うちの担当セールスが無理をしたのかも……」と思うことはしばしばあった。

例えば、口座に振り込まれた資金が１０００万円、２０００万円のように切りのいい数字ではなく、１２００万円や２１００万円の場合は特にそう感じたものだ。

こうしたケースでは、担当セールスはおそらくこんなことを言っている。

「１０００万円でも結構ですが、あと１００万円もしくは２００万円ほど、追加で出ませんか？　１０００万円を８％の利率で運用したら年間で80万円、月にしたら７万円弱ですが、仮に１２００万円を８％で回せば、年間で96万円、月に８万円のプラスになりますよ」

こう伝えたところで、ほとんどの顧客が最初は渋る。

「それを預けたら、手持ちの現金がなくなります」

だが、証券マンも必死であり、さらに粘り続ける。

「いやあ、大丈夫ですよ。3カ月後には利子がついて戻ってきますから、1200万円全額行きましょう。こんないい条件はありませんよ」

こんな調子で何度も何度も言い募り、最後には「本当に大丈夫なのね？　じゃあ、お任せしますよ」と言わせてしまうのだ。

誰だって7万円もらうよりも8万円もらったほうがいいに決まっている。証券マンの巧みな誘い文句に惑わされて、本来なら現金で確保しておくべき資金を証券会社に預けてしまうケースが後を絶たない。

1200万円の資金があるなら、そこから500万円を投資に回して8％で運用し、年間40万円の利益を得るだけでも上出来ではないか。月にすると3万円強を受け取れる計算だ。残りの700万円はいざというときのために預金しておけばいい。金融リテラシーがあれば、通常はこういう考え方ができる。

だが、金融リテラシーが不足していると、証券マンの甘言につられ、ハイリスクな商品に資産をオールインするという危険を冒してしまう。その先に待っているのは、抜け出すことのできない泥沼だ。数年後には、数百万円単位の損失を抱えてしまう可能性が高い。

こうした投資は、明らかに経済的合理性に反しており、証券会社はこのようなリスクを顧客に負わせるべきではない。それを承知で投資を勧めた証券会社は、顧客の損失に対して一定の責任があると言っていい。

いずれにしても、証券会社には態度を改めてほしい。と同時に、投資を考えている人は金融に関する知識をもっと身に付けるべきだとも思う。

「銀行の商品」と「銀行系証券会社の商品」は違う

当初は収益が上がるからと言って、新興国通貨建て仕組債の販売に精を出していた証券マンたちだが、2015年に入ってブラジルレアルやトルコリラが続落していく様子を見ているうちに、一抹の不安を感じるようになる。為替相場を見ながら、私自身も毎日のように気を揉んだのを覚えている。

「銀行紹介のお客さんたちがこぞって買ってくれた仕組債が大変なことになっている。これは、やばいかもしれない」

証券会社の元々の顧客だった人の場合、所有する株式を売って次の銘柄に買い替えるケースが大半を占めるので、彼らから大量の現金が振り込まれるのは稀だ。ところが銀行が顧客を紹介してくれるようになってからというもの、現金がどかどかと入ってくる状況だった。そしてその資金の多くが、仕組債に投資されていた。

当初は、こんな簡単に預かり資産が増えていいのかと戸惑うこともあったが、次第にそれが当たり前となり、いつしか感覚が麻痺していった。

「銀行がすべて悪い」と言いたいのではない。元々、麻薬のような仕組債を扱い始めたのは証券側なのだ。

顧客の側でも、「8%の利子が付く」という言葉につられ、安易に資産を投入したという一面は確かにあったと思う。今思い返せば、当時は証券会社側も顧客側も目先の儲けに踊らされていた。

そうは言っても、銀行からの紹介で仕組債に手を出してしまった顧客は本当に気の毒だ。抜群の知名度を有するメガバンク系銀行からの紹介となれば、「大きな間違いはない」と思ったのではないだろうか。

だが、銀行が扱う定期預金のような預金商品と、証券会社が提供する投資信託や債券などのリスク商品はまったく違うものだ。にもかかわらずリスク商品に手を出してしまったのは、「メガバンク系だから安心」という誤った認識があったからかもしれない。

「銀行に入ったつもりなのに、実際は証券会社だった」

こうしたボタンの掛け違いがあったとしても、年間2、3％の利益が出ていれば文句は出てこない。しかし、実際は投資額の4～5割ほどが減っているという恐ろしい現象が起きているのだ。この現実を直視すれば、さすがにお客さまに対して申し訳ないという気持ちにもなる。

私が勤めていた証券会社では、最大で4000億から6000億円の新興国通貨建て仕組債を販売したと言われている。これらを購入した顧客の中には金融知識のない高齢者も含まれる。

2015年当時に比べ、現在のブラジルレアルの為替レートは4割以上の安値になっていることを考えると、彼らの購入した債券の価値も4割強の減になっている。つまり、全体で1600億から2400億円もの資産が消失した計算になる。

さすがにここまで大きな額になると、「災難でしたね」で済ませるわけにはいかないだろう。

顧客の大切な資産を騙し取る悪循環を断ち切りたい

仕組債が売られ始めた2013年のころから、「この商品は危ない」と私は感じていた。事実、複数回にわたって「この商品はちょっとおかしいです。見直しをしたほうがいいのでは？」と支店長や本社に意見具申を行っている。

この時期、会社は極度なまでに仕組債の販売に力を入れ、株式と投資信託の売買業務を脇に追いやるような状況だった。

（これはいつかまずいことになる……）

そう思いながらも、私はずるずると会社にしがみついていた。

その間、ずっと懸念を抱き続け、最終的にそれを抱えきれなくなり、会社を辞める決断をした。結局、私には会社の姿勢を変えることができず、２０１９年の春に会社を去った。

証券会社を辞めたとは言え、「悪魔の商品」を売ってしまったという罪悪感は今も消えていない。

私１人の力は非常に小さく、何かをしたところで大きな影響力はないのはわかっている。だが、今の証券業界、ひいては金融業界が顧客の大切な資産や預金に手を突っ込み、それを食い物にしていく様子を黙って見ていることはできない。この悪循環を少しでも早く断ち切る必要がある。ここで何とかせき止めないと、第二、第三の被害者が生まれるだろう。そうした思いがあり、微力ながら一石を投じたいと考えているところだ。

私にできることは限られている。だが、ゼロではない。今すぐにでもできるのは、少しでも多くの人に「お金」についての知識をお伝えすることだろうか。

もちろん、これにも限界があり、断片的なものにならざるを得ない。ただし、入り口となるような話は私にもできる。

これを踏まえて、次章では「お金と投資」について述べていこうと思う。

第４章

金融リテラシーを高めて資産を増やす投資のコツ

「2000万円の老後資金」を投資でまかなうには

日本の人たちは元々、どちらかと言うと「貯金」をする傾向があり、「投資」からは距離を置いてきたのではないだろうか。私には学問的な裏付けはできないのであくまでも元証券マンとしての意見になるが、その流れが変わるきっかけになったのは1980年代のバブル景気だったような気がする。

東京証券取引所の終値が、それまでの最高値である3万8915円に達したのは1989年12月29日のことだった。この時期、多くの人たちが株式を購入し、株価上昇の恩恵を受けて資産を増やし続けていた。

そうしたプラスの記憶がいまだに残っているのか、はたまた豊かな資産を抱えているためか、「悪魔の商品」に手を出してしまった年代層を見ると、高齢者が多い。

この点に加え、小泉純一郎内閣による「骨太の方針」の中で、「従来の預貯金中心の貯蓄優遇から株式投資などの投資優遇への金融のあり方の切り替え」が強調された結果、よりリスキーな金融商品にも国民が関心を持つようになったと私は考えている。現状を見る限り、「貯金から投資へ」という社会的風潮は今後もしばらく変わらないだろう。

折しも2019年、金融庁の金融審査会がまとめた報告書が公表され、「約2000万円の老後資金が必要」という内容に注目が集まった。

この金額の根拠は、次のような計算によるものだ。

現在、夫が65歳以上、妻が60歳以上の無職夫婦の年金を主とする平均的な実収入は月額約21万円である一方で、平均の消費支出は26万4000円ほどになっている。つまり、毎月約5万円の赤字が出る計算であり、30年の人生が残っているとすると、5万円×12カ月×30年=1800万円（約2000万円）という額が算出されたのだ。

では、いったいどうしたら危ない橋を渡らずに投資をし、資産を増やしていけるのだろうか。「老後資金2000万円」という視点も盛り込みつつ、元証券マンとして提案できるオーソドックスな方法をお伝えしていきたい。

最も確実な「複利運用」と「72の法則」について

１９９０年代の経済好調期であれば、定年時に２０００万円前後の退職金を受け取れる人たちは珍しくなかった。だが今では、そういうケースは非常に稀だ。そうであれば、現状をしっかりと認識し、それに合わせて資産形成を考えていく必要がある。

そこで「老後資金２０００万円」を基準にして、定年時に２０００万円の資産を貯めるにはどうしたらいいか考えてみよう。

まず行ってほしいのは、年金がスタートする時点にタイマーをセットし、逆算をしていく作業だ。退職までに自分が得られる収入を考慮しながら、退職時から現時点まで時間を遡り、どのように蓄財をすればいいのか具体的に考えていく。

例として、現在の資産を倍にするには何年間にわたって積み上げをし、年に何％の利回りを得ればいいのか試算できる計算式があるので、それを紹介したい。

年利（％）×年数（n）＝72

この計算式は資産運用を行う際に要となるものであり、「72の法則」という名称で広く知られている。

例えば、平均して年利６％で複利運用ができる場合、「６×12＝72」という数字を当てはめて、12年で資産が倍になるという答えを得られる。

低金利時代の今、年利６％の運用は難しいかもしれない。そこで年利３％を目標とする。この設定で計算すると、24年で資産が倍になるのがわかる。

ここで重要なのは、期間中は継続して複利運用するということだ。年利６％だったら、１年目で１００を１０６にし、２年目で１０６を１１２・３６にし……という計算で運用していく。これによって12年後に資産は倍になる。

そう言われても人間の意志は弱いもので、１年目で１０６に増えると、「増えた！」と言って気が大きくなり、その一部を使ってしまったりする。だが、これではいつまで経っても資産は倍にならない。増えた分をさらに上乗せして複利を得るのが重要なポイントなのだ。

それでは、実際に退職時までに2000万円を貯めるには、どうすればいいのか。例えば、53歳までにどうにか1000万円を貯め、これを毎年6%で回していけば、12年後の65歳の時点で2000万円に達する。

次に、53歳までに1000万円を貯めるには、今からどれくらいの貯蓄をし、さらに金利6%で運用するにはどんな方法があるのかを自分で勉強して見つけていくのだ。金利6%はそう簡単に達成できるものではない。それ以下、もしくは資産の目減りというリスクが立ちはだかる。

こうした点に気を付けながら、金融リテラシーを高め、自分の目的に合致したポートフォリオを組んでいく必要がある。

「お金の旨味」を確実に実感できるオススメ商品

年利6％と言うと、かなり高い水準かと思うかもしれない。しかし、決して不可能な数値ではない。

まずは、低コストの投資先を見つけるのが重要だ。低コスト狙いを念頭に置くと、証券会社に6・5％もの評価を取られる仕組債は端から投資先の候補にならないことがすぐにわかる。最初の段階で高額なコストがかかると、その分を取り返すのに長い時間が必要になる。「65歳までに2000万円貯める」なら、時間は非常に貴重であるという認識を持たなければならない。

コストの低さを求めるなら、インターネット上で金融商品を販売している金融機関を探してみるといい。インターネット上では、手数料がたったの0・3％という金融商品も見つけられる。

具体的な商品としては、日経平均に連動している投資信託や、アメリカの平均株価指数に連動している投資信託の中で、売買手数料が安いものを探すことをお勧めする。これに加え、分散して資金を投入する方法を取り入れるといいだろう。

一口に分散投資と言っても、2つの方法がある。1つは、投資先を日本だけに絞るのではなく、アメリカやヨーロッパに分散し、さらには株式だけでなく、債券などの複数の商品に投資するやり方だ。

もう1つは、時間を分散させて資金を投入する方法である。実は、これをすると証券会社はあまりいい顔をしない。毎月少しずつ分散して商品を買われると、手続きが面倒なのだ。証券マンたちは、1000万円の資金があるのなら、「一度に投資してほしい」と考えている。

だが、リスクを下げるにはこうした方法はしっかりと採用すべきだ。1000万円あるなら、80万円を12カ月にわたって決まった日に投入する。これらの方法を実践すれば、リスク分散ができる。分散投資と時間分散はぜひ覚えておいてほしい。

一方で、投資は一切したくないという人もいるかもしれない。もちろんそれも1つの選択肢だ。
その場合、例えば１０００万円を12年で倍にするには毎月いくら貯金をすればいいか計算する。１０００（万円）を１４４（12年間の月数）で割ると、６・９４になるので、毎月約７万円の積み立てをすれば12年間で１０００万円貯められる。

このように細かく計算したところで、明日突然亡くなってしまう可能性はゼロではない。40代の人が定年後の生活を考えて倹約一辺倒の人生を送っているうちに、50代であっけなく亡くなってしまうことだってありうる。となると、その人の人生はなんだったのかということにもなりかねない。したがって、四角四面になり過ぎるのもどうかという考え方もあるはずだ。

しかし、将来に対する備えは絶対に必要だ。それを考慮して中間の立場を取り、30年のような長期スパンで考えるのではなく、少なくとも10年、可能であれば20年先を考えてみるといい。

期間を定めて複利で運用していくと、年月が経過するごとに「お金の旨味」を確実に実感できる。これだけは間違いない。

本来であれば、こうしたお金の特質を10代のころから教えるべきなのだ。40代、50代になり、人生の折り返し地点を過ぎたころに教えられても、その時点からできることは限られてしまう。お金に対する考え方を改め、それを実践しようとしても、時間という最大の要素を味方につけることはできない。資産を増やすには「時間」がとても大切だという感覚は常に持っておくべきだ。

資産を防衛できるのは自分しかいないという覚悟

いくら強調してもしきれないほど、複利運用のメリットは大きい。増えた分を浪費せず、じっと我慢して方法を変えずに複利運用していけば、雪だるま式に資産は膨らんでいく。これほど素晴らしいものはないだろう。人類がこれまでに発明した金融概念の中で最も優れている考えと言っていいくらいだ。

ところが、証券会社は顧客がこの手法を取るのを嫌がるからたちが悪い。証券会社側は、「儲けが出たのですから、次は違う商品を買いましょう」「値下がりしている商品があるので、まとめて一気に買っておきましょう」などと言う。つまりは、ロールがしたくてたまらないのだ。

こんな言葉に騙されてはいけない。毎月5万円でもいいので日経平均株価などの指数に連動して運用がなされるインデックスファンドを買い続け、複利で回していくのが正しい投資の方法だ。


複利運用は決して難しいものではなく、誰にでもできる。

ただし欧米とは違って、日本ではこうしたことを学べる機会が少ない。依然として金融リテラシーは低く、少しでも損をするとすぐに見切りをつけ、「もう二度と投資はしない」「損したのは欲におぼれたせいだ」と言って、投資から目を背けてしまう。

ところが、1年もすると過去の出来事を忘れてしまい、新たに売り出されているハイリスクの商品を買って再び損したりするのだ。これでは複利運用によるメリットは享受できない。


一方、金融リテラシーの高い欧米では、日本とは事情がまったく異なる。

まず特徴的なのは、マーケットが多少動いても慌てないところだ。リーマンショックのような大きな危機が起きても、再びマーケットが元通りになるのを過去の歴史から学んでいる。評価額が10万ドルから7万ドルに減じても、マーケットの状況がよくなれば、含み損を取り返せるようなバランスの取れたポートフォリオを事前に構築しているのだ。私たちは、彼らの姿勢から大いに学習すべきだと思う。

幸いなことに、一部の若い人たちの間には、複利運用についての考え方が徐々に広まりつつあるようだ。将来について先行きが不透明なため、金融リテラシーを上げざるを得ないのだろう。

残念なのは、証券会社がそうした若い人たちのニーズには答えようとしていないことだ。彼らは自分たちの利益を確保するだけで精一杯なのだ。

こうなるとやはり、覚悟を決めて自分たちで防衛していくしか方法はない。

日本在住であれば「バランス重視でドル資産」を持つ

私の個人的な考えだが、日本に住んでいるのであれば、バランス重視でドル資産を持っておいたほうがいい。

蓄財をしてこなかった人が、「ああ、備えておけばよかった」と痛感することになるのは、おそらく円が暴落したときだ。

例えば、1ドル110円前後のレートが、ドル高に振れて一気に150円にまでなったとしたら、物価は確実に上昇する。100円ショップがすべて200円ショップになってしまったら、困る人が大勢出てくるに違いない。

給料の引き下げが重なれば、買いたいものも買えなくなる。たまの外食もそう簡単にできなくなるかもしれない。「生活が貧しくなったなあ……」と感じ始めてから手を打とうとしても、すでに手遅れ。こうした状況に陥るのだけは避けたいものだ。

将来性を考えるならば、中国元やインドルピーに目を向けてもいいかもしれない。これらの国々は、今後まだまだ成長、発展する可能性が高い。アメリカ、中国、インドの通貨への分散投資はお勧めだ。

実際に投資をする際には、世界経済の情勢を見極め、成長している国の通貨や分野を探り、1点投資に突き進むのではなく、分散投資することを心掛けたほうがいい。

現在のところ、ブラジルレアルと同様、中国元への直接投資はできない。この場合は、日本でも購入できる中国元建ての株式やファンドを購入する方法がある。

ここで大切なのは、バランスよく分散投資をするという姿勢だ。ドル、元、ルピーの3通貨がいずれも価値を上げていくとは限らない。どこかの時点でいずれかの通貨の価値が下がる局面が必ずあるだろう。そうなっても、他の通貨の価値が上がるか安定していれば、マイナス分は吸収できる。トータルでプラスになっていれば、投資としては失敗ではない。

外国の通貨に投資をすると言っても、日本で生活している限り、やはり日本円が必要となる。それでも、半分から6割の金融資産は米ドルで持つべきだというのが私の考えだ。

もしも米ドルを買うのであれば、必ず「ドルコスト平均法」を使って購入を進めてほしい。これは金融知識の「イロハのイ」である。

タイミングを分散して購入するのが、ドルコスト平均法の肝となる。方法は至って簡単で、毎月決まった日に同じ金額を買っていくだけだ。これをすれば「平均値」を得られ、高値買いを避けられる。

ドルであれば、1・6%もの金利が付く（2019年12月時点）。ドルへの投資をコツコツと続けていけば、確実に資産は増えていく。

ドルを購入する際にも、すでに述べたコスト面に注意を払う。ネット証券の中でスプレッドの幅が小さいところ、手数料が少ないところを探して購入するといいだろう。


庶民の投資とは別世界の手段として、プライベートバンクに資産運用をしてもらう方法がある。アカウントラップと呼ばれるもので、一定額以上の資産をプライベートバンクのアカウントに一括で預けると、プライベートバンク側がまとめて運用してくれるのだ。プライベートバンクによる資産運用は、ヨーロッパでよく知られている。


契約形態は様々だが、例えば年率5%を超えて利益が出た場合には、プライベートバンク側に利益の30%のフィーを支払うという内容の契約を結び、資産運用および管理を委託する。

日本でもUBS証券やクレディ・スイスなどがプライベートバンキング的なサービ

スを提供している。ただし、基本的に金融資産が1億円以上ないと受け付けてくれないので、なかなか普通の人には手が届かないかもしれない。

周期的に起きる金融危機や経済危機に備えた分散投資

投資をするには世界経済の状況を見極める必要があるのだが、誰であろうとそう簡単に「見極め」ができるものではない。金融のプロにとっても容易ではなく、常に経済の動向に注目しながらどうにか予測を行っている。

それを踏まえつつ、2008年に起きたリーマンショック以降の世界の経済の動向を振り返り、大きな流れをつかんでみよう。

リーマンショックが起きると、世界経済は金融危機に見舞われた。この危機から脱するために始まったのが、世界規模の金融緩和策の導入である。

本来であれば、景気対策は金融政策と財政政策の両方を絡めて推し進めるべきものだ。ところが、リーマンショックによって引き起こされた金融危機の影響があまりにも大きかったため、各国の中央銀行は即効性がある金融緩和によって経済を浮上させようとした。

震源地のアメリカでは、FRB（連邦準備制度理事会）のベン・バーナンキ議長（当時）がゼロ金利政策などの量的緩和策を推し進め、日本銀行も白川方明総裁（同）の下、継続的な金融緩和策に乗り出している。

市場に資金を注入する金融緩和策は景気対策としてわかりやすい一方、中毒性のある劇薬と見られることも多い。いったんこの劇薬を打ち始めると、なかなかやめるのが難しくなる。

日米欧の中央銀行がこぞって緩和策に走った結果、世界にはお金があふれ出し、相場が過剰流動性を帯びるようになってしまった。

リーマンショックから10年以上が経過し、世界経済は金融危機から脱したように映る。だが、過去の経験則から見ると、マーケットはおよそ10年前後のスパンで調整期に突入し、大きく動く。

思い起こせば、１９８７年にはブラックマンデーによって株価が大暴落し、１９８９年には日本のバブル経済が崩壊したのを受けて、日本株の暴落があった。それから約10年が経ち、２０００年にはＩＴバブルの崩壊が起きている。その後２００８年にはリーマンショックが発生した。

あれからすでに10年以上の時が経過しており、経験則から判断すれば、いつなんどき経済の大きな動きが発生しても不思議ではない状況だ。にもかかわらず現状は、経済やマーケットは未来永劫、拡大し続けるかのように膨張し続けている。

危機というのは突如やってくるものだ。しかも膨張率が大きければ、当然ながらその反動は大きくなる。今後の動向には目を光らせるべきだろう。

世界規模のスケールではなく、個人レベルで考えても、経済やマーケットの動向は非常に重要だ。個人が保有する資産とその運用は、人生の生活設計にとって不可欠であり、慎重に扱う必要がある。

特に運用に関して失敗を避けたいのなら、目先の状況に一喜一憂するのではなく、計画的かつ長期的な視点を常に維持し、分散投資を心掛けるといい。

こうしてガードを固めていけば、周期的に起きる金融危機や経済危機に見舞われても自分の資産を守っていけるだろう。

高金利の商品には表裏一体で高いリスクが付きまとう

個人レベルの投資について、さらに話を続けていく。

投資をする際には、やはりリスクについて考えなくてはならない。

例えば新興国通貨への投資では、高金利が期待できる一方で、不安定な経済基盤が仇となり、その国の通貨が暴落して為替で損する可能性も高くなる。どんな商品であれ、高金利の商品には表裏一体で高いリスクが付きまとうものなのだ。

本来、ブラジルへ投資をしたいのなら、仕組債ではなく、ストレートのブラジル国債ファンドに1000万円を分散投資して、純粋に利子を受け取ったほうがいい。これをすれば、利率判定や早期償還は避けられ、金利分はしっかりと受け取れる。

ただし、それをしても為替リスクからは逃れられない。仮にレアル安になれば、資産は目減りする。

だとしても、ブラジル国債の金利が10％の場合で、通貨安の割合が１割以内なら、収支はプラスになる。このように、全体のバランスでプラスにするのが本来の投資の姿なのだ。

証券会社では、こうした商品も扱っているにもかかわらず、自分たちにとってうまみの少ない商品なので積極的には勧めない。やはり、顧客自身が情報や知識を能動的に集めないと、投資で成功するのは難しい。

実際に新興国の外債に投資をするのであれば、すでに説明した分散投資の手法を導入すべきだ。

投資資金が１０００万円なら、５００万円ずつに分け、トルコリラとブラジルレアルに投資する。投資のタイミングも分散させて、３カ月に一度、外債を１００万円ずつ買っていく。これを15カ月にわたって行い、８～10％の金利を受け取っていけばいい。リスクの高い新興国通貨への投資でも、やり方次第で利益は得られるのだ。

第 5 章

日本の証券業界が直面している大問題

数千億円が失われ償還される「2018年問題」とは

2018年以降、証券会社がこれまで販売してきた大量の新興国通貨建て仕組債の償還が続々と行われている。

「ふたを開けてみたら、大損をくらった!」

すでに損害を被った人だけでなく、新たに損害を被った人からもこんな声が聞こえてくるはずだ。

前述のように、私が勤めていた証券会社では2013年以降、約4000億から6000億円に相当する新興国通貨建て仕組債を売ってきた。償還時、ブラジルレアルとトルコリラの通貨安のために4~5割ほど損失が出ていると仮定すると、実に数千億円の額が失われて償還されていく。こうした事態が今後さらに明るみになれば、おそらく社会問題になるのではないか。

その一方で、もしかしたら思った以上に騒がれない可能性もある。

実のところ、2018年から一部の債券の償還が始まっているのだが、現時点で大きな騒ぎにはなっていない。その理由はおそらく、損失を被った顧客がどこに不満を訴えていいかわからないからではないか。

日本は訴訟社会ではないせいもあり、訴えを起こすまでの心理的なハードルが高い。一般の人が裁判を起こそうとしても、第1歩となるプロセスもよくわからないし、高額な費用がかかるというイメージもある。

ただし、すでに触れたとおり、弁護士の力を借りて集団訴訟という手段を取れば、損失したお金を取り戻せる道が開ける。実害を被ってしまった人は、ぜひ巻末ページを参考にしていただき、声を上げていただきたい。

これとは別に、被った損失について相談や苦情を持ち込める窓口もあるにはある。日本証券業協会などの5つの業界団体が協力して運営している特定非営利活動法人「証券・金融商品あっせん相談センター（フィンマック）」では、株や投資信託、FXなどの金融商品の取引に関するトラブルについて相談や苦情を受け付けている。

このセンターは、公正かつ中立な立場で解決を図る目的で設立されており、仕組債や投資信託の回転売買など、証券会社の取引の方法に納得がいかない部分があれば、事情を聞いてくれるのだ。

実際に電話をしてみると、証券会社との紛争の仲裁や和解についての対応を受けられる。

ただし手続きの段階で、相談員から様々な専門的な質問を投げかけられたり、投資者本人による事情説明を求められたりするのを覚悟しておかなければならない。

商品に関する知識が希薄だと、これらの質問に答えるのはかなり難しい。しかも、個人では証拠となるメモや会話の録音などを残していないケースがほとんどで、結局はスムーズに手続きを進められず、顧客のほとんどが泣き寝入りしてしまう。

面倒な問答が続く「相談できない相談センター」の真実

そもそも仕組債で損をした人の多くが、周囲の人たちに相談しない。理由として考えられるのは「プライド」の問題だ。損失を自己責任と捉えているので、それを誰かに知られるのは恥ずかしいと考えている。

「お人好し」という性格が邪魔をする場合もある。自分が苦情を入れたら、これまで担当してくれた証券マンに迷惑がかかるのではないかと考えてしまうのだ。

損失を被ったのが高齢者のときには、顧客の子どもが代理でフィンマックに相談の電話をかける場合もある。

「うちの父が証券マンに勧められるまま投資をし、実績を見せてもらったらひどい状況になっている。これはいったいどういうことですか？」

この場合、フィンマックからは「ご本人はしっかりと意思表示ができて、ご判断ができる状態にありますか？」と尋ねられる。

これに対し、「歳は取っているけど、まだしっかりしている」と答えると、「その場合、息子さんではなく、ご本人からの相談でないとこちらも対応できません」と言われ、相談を受け付けてもらえないのだ。

そこで息子が父親を説得して電話をさせる。

老齢の親はいやいやながら電話をし、事情を説明する。だが、ここで堂々巡りが始まるのだ。

「実際の状況を知りたいので、購入するまでの経緯を詳しく聞かせてください。どういうことが起きているのですか？」

「どうって言っても、まあ、言ってみれば、証券マンにうまいこと言われて、儲かるって言われた商品を売ったり買ったりしているうちに、預かり資産の4000万が、3500万になっていて、500万も損してたんや」

「では、ご契約のときの先方の説明はどういう内容だったか覚えていますか？」

フィンマックの相談員は、詳細を聞かないと手続きを始められないのだ。

「それはちょっとわからないな」

「では、具体的に、どの部分が理解できないところだったんでしょうか？」

「そんな細かい内容がわかるか。証券マンが高利回りって言うから、勧められる商品を買っただけだ」

「では、お客様は今回、どうなさりたいのですか？」

「そりゃ、あんた、これはひどいだろ」

「ひどいかどうかの判断は付きかねます。それをしっかりと契約違反として立証するためには、今までの経緯を詳しく説明していただかないといけません。何回会って、どういう説明があって、お客様がどう理解したのかを教えてください」

「そりゃ、その都度こっちに来て、うまいこと言われて、買ったんだ」

「どんなうまいことを？」

「だから、利回りがいいって」

「その利回りについて、具体的にどのような説明があったのですか」


こんな問答が、ひたすら続く。

するとたいていの人が、「ああ、面倒くさい。いちいち細かく覚えてないよ。この歳になって、いろいろと難しいこと詰問されて、煩わしいったらないよ。恥ずかしいし。もういいよ」

こんな流れになってしまうのだ。

相談・苦情・あっせんの受付件数の年度別推移

後日、顧客の子どもが再び父親に質問する。

「お父さん、あれどうなった?」

そう聞かれると、「ああ、あれはもうアカンわ。自分では細かいことはわからん。証券マンを信用して任せていたのに、相談する段階になるとこっちの個人的な理解や判断についていちいち見解を求められる。そう言ったって、細かいところは証券マンを信用して任せておいたから、今さらわからんよ」と答えるしかなくなる。

そして最後には、次のような結論を下してしまうのだ。

「フィンマックは、『本人が説明しないといけない』って言うし、このままではらちがあかない。裁判という手もあるかもしれないけど、裁判になると金もかかる。説明

図表2　相談・苦情・あっせんの受付件数の年度別推移

（件）

年度	相談	苦情	あっせん
2010	7,017	1,190	309
2011	6,626	1,530	467
2012	6,136	1,152	334
2013	7,406	975	159
2014	9,065	629	110
2015	7,616	1,374	140
2016	6,736	1,226	152
2017	5,616	1,013	129
2018	4,691	1,631	712

証券・金融商品あっせん相談センター発行「金融ADRの実務」を基に作成

を聞いたか聞かなかったかはわからんけど、最後には自分自身で買うって決めたわけだしな……」

結局、これで終わってしまうのが現実である。

図表2を見てほしい。フィンマックが公表している資料を基に作成したものだ。

これを見ると、毎年約8000から1万件の相談や苦情が寄せられているのがわかる。しかし、和解に向けたあっせんに至ったケースは限りなく少ない。

フィンマックは、しょせん業界が運営している団体なのだ。そのあっせん能力には限界があると考えたほうがいいだろう。

すでに触れた適合性の原則に鑑みれば、例で挙げたような高齢者に仕組債のような複雑な金融商品を売ってはいけないのだ。しかし、その原則を証券会社は守っていない。

そもそもこんな販売の仕方は、欧米諸国の証券会社は絶対に行わない。真っ当な資本主義が浸透していたら、経済的に合理性のない商品を売る行為は認められないのが常識なのだ。

日本は欧米諸国と同様に、資本主義を掲げ、先進国でもある。ただ、一般の人たちの金融やグローバルな商慣習に関する知識が不足しているため、証券マンによる〝情けで落とす営業〟がいまだにはびこっている。

ここにもメスを入れる必要がある。

証券会社の社内規制の「表の顔」と「裏の顔」

業界団体が相談センターを設置した件については、一定の評価があってもいい。だがその前に、証券会社は相談者を極力出さないように努めるべきではないだろうか。

もちろん、何もやっていないわけではない。日本証券業協会は、部支店長や営業管理職向けに「営業責任者　内部管理責任者必携」というテキストを作成し、配布している。営業管理職を務めていた私も、当然これを読み込んでいた。

テキストの中には、商品についての説明義務をはじめ、投資に際しては顧客に自己責任について理解してもらうことなどが明記されている。

だが、すべてのケースで完璧に説明が行われ、理解が得られているかと言うと、そうではない。特に銀行経由の顧客について言うと、「銀行を信用しているから、勧められたものを買いますよ」という姿勢なので、どうしても説明が甘くなり、自己責任についての理解も徹底されていない側面がある。

ここでも留意すべきなのは、「適合性の原則」が守られているかどうかだ。適合性の原則を遵守するのであれば、「顧客の経験、知識、財産の状況及び金融商品契約を締結する目的に照らして不適当と認められる勧誘」を行ってはならないのだ。

仮に銀行紹介の顧客が十分な経験や知識を有していないなら、本来であれば証券会社が扱う金融商品を購入すべきではない。証券会社も商品の販売を控える必要がある。

問題の芽は証券会社内の風土にも潜んでいる。

その1つが、セクショナリズムだ。社内には金融商品を組成する商品部門、そしてそれを顧客に販売する営業部門がある。しかし、組織形態が縦割りなので横の連携がまったく取れておらず、商品部門には投資に失敗して資産を減らしてしまった顧客の声が一切伝わらない。これは、あえてそういう形態にしている部分もある。

仮に営業部門と商品部門の連携が密になれば、顧客からどういう苦情を受けたか、いくら損させてしまったかという報告が営業部門から届くようになる。そういった生の声が耳に入ってくるようになれば、商品部門の人間の良心に響き、結果として自分たちに利益をもたらす金融商品を思い切って作れなくなってしまうかもしれない。こうした状況を避けるためにも縦割り組織が維持されている。

投資にはリスクがある——。

証券会社による説明があるかないかにかかわらず、顧客側はこの事実だけはしっかりと理解しておいたほうがいい。過剰な信用を寄せ、資産を預けてしまえば、マーケットの状況とはまったく関係のないところで、表にははっきりと見えてこない手数料をどっさりと抜かれてしまう危険だってある。油断は一切禁物なのだ。

金融庁ににらまれている銀証協働ビジネス

金融機関にとって、監督官庁である金融庁の存在は絶大である。金融庁の言動に各社は常に注意を払っている。

２０１８年後半、その金融庁が、当時私の勤めていた証券会社に検査に入った。目的は、私の所属する会社が見境もなくグループ内の銀行との協働ビジネスを推し進めていないかを調べるためだった。これに関しては、証券会社だけでなく、グループの銀行の動向にも目を光らせる意味もあったのかもしれない。

銀行はお金の貸し手であり、社会の中で優越的地位が与えられている。この地位の濫用は、金融商品取引法、銀行法などによって禁じられている。

例えば、融資をしている相手に「証券会社の商品に興味はありませんか?」と声を掛け、証券会社での口座開設や、保有株の移し替えなどを勧誘すれば、明らかに法令違反となる。金融庁は、こうした優越的地位の濫用が行われていないか厳しくチェックしているのだ。

事実、金融庁の方針に対応するため、本社から全国の支店の支店長および営業管理職に配布されてきたアンケートには、「業務範囲規制に関する懸念がある事由を記入してください」と書かれていた。

銀行による顧客への勧誘方法について、私個人は詳細を知らない。だが銀行側からは、「収益性の高いトルコリラを案内してほしい」「投資信託のロールは銀行の評価にもなるので案内してほしい」「手数料の高いものを選んでほしい」などの依頼はしょっちゅうあった。それらはすべて銀行側も評価が得られる商品だ。

こうした銀行のやり方については、「まずいだろ」と思っている人たちは私以外にも社内にたくさんいた。しかし、「まずい」と思っていても、グループ内において序列が上である銀行には逆らえないのが現実であり、証券会社側としても銀行による顧客の紹介は売り上げ増加につながるので、結局は手を汚してしまっていた。

天下の野村証券がなぜ「白旗」を上げたのか?

証券業界で「ガリバー」と言えば、野村證券を除いて他にない。その野村證券が、発行していた金融商品を巡って2018年7月、異例とも言える謝罪を行うという出来事があった。

対象となったのは、「NEXT NOTES S&P500 VIX インバースETN（ETN）」という金融商品だった。ETNはExchanged Traded Noteの略で「上場投資証券」「指標連動証券」と訳される。

この商品は、厳密に言うと野村ホールディングスの子会社でオランダに所在するノムラ・ヨーロッパ・ファイナンスN.V.が発行していた社債だ。2007年の上場制度の再整備により、海外で発行された株式や債券の上場も認められることとなったため、ETNも東京証券取引所で取引されていた。
また、この商品には、新興国通貨建て仕組債と同様、実に複雑なルールがあった。わかりやすく解説すると、その価格は株価指数や商品価格などの「特定の指標」に連動するという仕組みになっていたのだ。

この仕組みに従って、アメリカの株式市場の代表的な株価指数である「S&P500」、「VIX」というシカゴ・オプション取引所が公表しているボラティリティ指数との連動、さらに値動きのインバース（逆ブレ）が設定された商品だった。

これだけですでに複雑だが、さらにこの商品には一定水準以上の値動きがあった場合、「早期償還」がなされるという条項が含まれていた。そして2018年2月、実際に早期償還が起きたのだ。

2015年に上場して以来、発行口数は増え続け、それと共に価格も上昇していった。上場時、1万円で20万口が発行された商品が、償還時点では110万口にまで膨れ上がっていた。償還日直前の終値は、上場時の約3倍となる2万9400円。顧客は十分な利益を受け取れるはずだった。

ところが翌日、価格が急落し、1144円で償還されてしまうのだ。前日まで323億円だった時価総額は12・6億円にまで縮小し、損失額は約310億円に上った。率にするとマイナス96％という悲惨な結果に終わったのである。

これを受けて、野村證券には顧客からのクレームが殺到した。やりようによっては、「投資にはリスクがあり、常に自己責任が問われる」と回答し、顧客からのクレームを突っぱねることもできたかもしれない。実際、商品の発行条件には、早期償還やリスクなどに関する文言も含まれていた。

しかし、野村證券はそうした態度を取らず、2018年7月、「『NEXT NOTES S&P500 VIX インバース ETN』早期償還後の対応について」と題した謝罪声明を発表するのだ。

当社は、2017年4月に「お客様本位の業務運営を実現するための方針」（以下「本方針」といいます）を制定し、「すべてはお客様のために」の基本観のもと、本方針に則った業務運営に全社を挙げて取り組んでおります。

こうした中、2018年2月6日、当社が取扱っておりました上場ETN信託受益証券である「NEXT NOTES S&P500 VIX インバース ETN」（以下「本商品」といいます）の早期償還が決定いたしました。これ以降、当社は本商品を保有されていたお客様への対応を継続的に行っておりますが、当社が本商品を販売する際の商品性やリスクに関する説明が十分でなかったというお申し出を、複数のお客様よりいただいております。このように、本方針で掲げた「重要な情報の分かりやすい提供」の点において当社に不足があったことを、心よりお詫び申し上げます。

当社といたしましては、こうした事態を重く受け止め、改めて本商品のお客様への勧誘時の状況を個別に精査した上で、あっせん等のご案内も含め、解決に向けたご提案をさせていただいております。（後略）

この声明には、重要な文言がちりばめられている。

例えば、「本商品を販売する際の商品性やリスクに関する説明が十分でなかった」とし、自社で制定した方針に反し「『重要な情報の分かりやすい提供』の点において不足があった」と認めているのは注目に値する。

また、「本商品のお客様への勧誘時の状況を個別に精査した上で、あっせん等のご案内も含め、解決に向けたご提案を」するとも明言している。つまり、顧客が被った損失を補填するというのだ。

「ガリバーである野村證券が、顧客に対して白旗を上げた」

この事実は業界内で驚きをもって受け止められた。

上場した商品でもリスクがゼロというわけではない

野村證券がこのような姿勢を打ち出したのは、顧客に対する適合性の原則が守られておらず、商品に関する経済的合理性も妥当ではなかったと自ら認めたからだ。言ってみれば、それだけリスクの高い商品を売っていたのである。

当時、私はある大きな支店の営業管理職をしていた。それもあって、このときのことはよく覚えている。

この商品は上場されていたため、実は私が所属していた証券会社をはじめ、複数の会社が販売していた。幸いと言っていいのか、たまたま私の課では販売していなかったため、直接的に関与するのは避けられた。

償還になった2月以降、支店にはこの商品についての顧客からの苦情が相次いだ。苦情を受け、担当課の営業管理職たちは顧客のところに足を運び、大事にならないように火消しに回るのに懸命になっていた。

東京証券取引所に上場している真っ当な商品であるし、株式などと同様、リスクがゼロというわけではない。こうした点を挙げながら、丁寧な説明を繰り返したようだ。

その甲斐があって、どうにか火消しに成功したと胸をなでおろしていた。一方、顧客側からすると、「泣き寝入り」を強いられた形となった。

ところが4月になって、野村證券は自社の非を認め、先ほど紹介した謝罪声明を発表するのだ。

この声明発表の直後、私の会社も野村證券に追随する方針を決定する。本社の指示に従って、全国の営業管理職は再び顧客のところに出向き、「フィンマックに連絡し、ご相談いただければ、和解金についての対応が受けられます」と説明して回ることになった。

このとき、顧客訪問を強いられた営業管理職たちは、「どうせ対応するんだったら、本社は最初から対応の指示を出せよ」とこぼし合った。それに加え、「おそらく新興国通貨建て仕組債についても、将来的に同じ道をたどるんじゃないか」と囁いていたという。

最終的に、各証券会社は顧客に損失額のかなりの部分を返金した。私の会社でも、商品を購入した顧客にお金を戻している。だが、それが会社に大きなダメージを与えることにはなっていない。業績が伸びずに苦しいと言われる証券業界だが、まだまだ潤沢な資金を持っている。これぐらいではびくともしないのだ。

損害賠償を求めて集団訴訟を起こす人が増えている実態

大阪府北区に高木証券という会社があった。2019年7月、東海東京証券に吸収合併されたため、この会社はすでに存在しない。

そんな証券会社をここで持ち出したのは、この会社が2003年から販売していた「高木住居用不動産投資ファンド」を購入した投資家たちが損害賠償を求めて集団訴訟を起こし、同社に対する賠償命令を勝ち取っているからだ。

このファンドは当時、「レジデンシャルONE」という通称で呼ばれ、レイコフグループ（すでに経営破綻）が企画および組成、運用を行っていた商品だった。高木証券は、この商品を一手に引き受けて専売的に販売していた。

ファンドの仕組みを説明すると、集めた資金で賃貸マンションを購入し、運用期間中は賃貸収入を配当に回すというものだった。また、ファンドを運用するには、高木証券が投資家から集めた資金だけでは十分ではないため、銀行からの資金借入もスキームとして組み込まれていた。運用期間は3年間で、期間経過後はマンションを売却し、その代金を償還資金に充当する計画だった。

レジデンシャルONEに投資した多くの人たちが、「3年満期の定期預金のような商品で、定期預金よりも利率がいい」「リスクは、地震や火事、戦争に見舞われるのと同じくらいのものです」「これほど安心できて有利な商品はないですよ」などと言われ、契約させられていた。

購入者たちはその言葉を真に受けて、利回りのいい不動産投資だと信じ込み、ハイリスクな投資だとは思いもしなかった。しかし、この認識は間違いだった。

マーケットの状況も投資家たちに不利に動いた。2005年ころから不動産価格が下落し、レジデンシャルONEは元本割れを起こしてしまうのだ。

このファンドには、不動産が1～2割下落すると出資金のほとんどが失われる仕組みが設定されており、とてもではないがまともな商品とは言えなかった。

結果、2009年に1口100万円の出資金がわずか4000円になって償還されるという事態が発生する。

「レジデンシャルONE問題」における集団訴訟の成功例

レジデンシャルONEの問題は、証券会社側によるリスクに対する周知の甘さはもちろんのこと、さらに問題なのは、償還の際には銀行からの借入金の返済が優先されるという条件がついていた点だ。

例えば、顧客から1億円を預かり、銀行から3億円を借りて4億円のマンションを購入したとする。

賃貸開始後、賃料は顧客に分配されていく建て付けになっているのだが、運用期間中に不動産価格が下がってしまい、売却の際に3億円にしかならなかった場合は、そのお金はまずは銀行からの借入への返済に充てられる決まりになっていた。仮にそうなれば、3億円は銀行に支払われ、顧客には1銭も戻ってこない。

これがレジデンシャルONEというハイリスク商品の悪魔性だった。しかも、こうした条件については一切、顧客に開示されていなかった。

償還日を迎え、元金のほとんどを失ってしまった投資家たちは、予想もしていないほどの大きな損害を被った。投資家たちの多くが高齢者であり、老後資金を投入してしまった人たちもいた。

彼らのほとんどが、「安全で、有利だから」という証券マンの説明を信じて、商品を購入した人たちだ。当然、「話が違うじゃないか」という不満があちこちから噴出した。被害額は、数百億円におよんだという。

損害を被った投資家たちは納得がいかず、弁護士に相談した。こうして「レジデンシャルONE被害対策弁護団」が結成されることになり、法的救済と再発防止を求めて髙木証券を訴えたのだ。

裁判の中でわかってきたのは、証券マンたちの中には、銀行への返済が優先されるという条件をあまり理解していなかった者もいたという事実だった。こんなずさんな状況でリスクの高い商品が見境もなく売りさばかれていたのだ。

すでに述べたように、原告である投資家たちは勝訴し、裁判所は髙木証券に賠償を命じている。

元証券マンの私が言うのも変な話だが、金融機関の商品には驚くほどたくさんの盲点がある。複雑な仕組みになっているものも多く、売り手側も100％理解しないまま販売していたりする。その状況は大手でも中小でも変わらない。

いかなる商品であろうとも、それについてしっかりと顧客に説明する義務が証券会社にはある。だが、それをしないばかりか、したくてもできない状況が存在する。どの会社も目先の利益ばかりに関心を向け、顧客は置き去りにされる傾向にあるからだ。

投資は自己責任だからと自分に言い聞かせ、悔しい思いを押し殺して泣き寝入りしている人はたくさんいる。しかし、ケースによって損害は取り戻せるという成功例をレジデンシャルONE問題は示していると言っていい。

私にとってこのケースは、集団訴訟という手段があることを教えてくれるきっかけとなった。

1人ひとりが確固たる証拠を持っていなくとも、実際に損害を被った人たちが集まり、法律の専門家である弁護士と手を組むことで相手に立ち向かえるのだ。

裁判所による高木証券への賠償命令は、新興国通貨建て仕組債によって損害を被った人にとって希望の光と言っていい。

「悪魔の商品」は新興国通貨建て仕組債だけに限らない

顧客から訴えられようが、莫大な資産を有する証券会社はしたたかに生き延びていくだろう。マーケットや投資環境に変容があれば、それにアジャストして変貌し、自らに儲けをもたらす商品を加工して、今後も販売していくはずだ。本書で紹介してきた仕組債のような商品がいい例である。

複雑な条件が仕組まれた商品は、以前からいくらでも作ることが可能だった。しかし、あまりにもリスクが高かったので、証券会社はこの種の禁断の商品には手を出さずに自制してきた。ところが、純粋な株式売買だけでは十分に稼げなくなり、その穴を埋めるためにそれまでとは毛色の違う商品を販売せざるを得ない状況に追い込まれていった。

証券会社が扱う「悪魔の商品」は、実は新興国通貨を投資対象とした仕組債だけではない。証券会社や銀行がこのところ顧客にしきりと勧めている「ファンドラップ」は注意を払うべき危険な商品の代表例だ。

ファンドラップとは、別名「投資一任契約」とも呼ばれ、あらかじめ取りまとめた投資方針に基づいて金融機関に預けた資産の運用を一任するという商品だ。金融機関側は、「投資の初心者や、忙しくて投資に時間が割けない人に最適」などと宣伝し、顧客を集めている。

ファンドラップの問題は、仕組債と同じく、証券会社による中抜きが大きい点だ。運用を一任する対価として手数料が徴収され、さらには、口座の中に含まれる各々の投資商品に対する管理手数料が差し引かれていく。これらのコストは、仕組債と同様、顧客には見えにくく設定されているので、なかなか曲者なのだ。

実際に差し引かれる額はすべてひっくるめると、年間平均で預けた資産の約2％とされている。5年間預けていたら、投資の実績にかかわらず、最初に預けた資産が自動的に1割目減りする計算になる。

ファンドラップに資産を預け、大きな損害を出してしまった人も少なくない。果たして証券会社側は、手数料などについてしっかりと説明していたのだろうか。疑わしいケースはたくさんあるはずだ。

いくら初心者だからと言って、自らの資産を他人に丸投げし、運用を一任するのは得策ではない。ファンドラップを始めるくらいなら、少しリサーチをして信託報酬が低めのインデックスファンドを探すべきだ。ひと手間かけるだけで、ファンドラップよりもコストが安い独自のポートフォリオが作れるだろう。

これができなければ、投資を始める準備はまだできていないと思ったほうがいい。損をするくらいなら、無理に手を出す必要はない。

要注意！「ファンドラップ」の悪魔性

日本の多くの人たちは、投資に対して全般的に保守的なので、「ハイリスクな商品とローリスクな商品のどちらを選びますか？」と聞かれると、ローリスクな商品を選択する人が多い。この傾向は、ファンドラップに投資をする人にも当てはまる。

ファンドラップで資金を運用する際、ローリスクな商品を中心に投資先を選んでいくとリターンも小さいため、年利で3%ほどしか儲からない。一方で、年間約2%の手数料を金融機関から取られるので、差し引くと1%ほどの年利しか得られない。

しかもこれは、投資が順調だった場合の話だ。マーケットの状況が悪ければ、資産は減り、さらに手数料も差し引かれる。証券会社としては、投資実績にかかわらず手数料を抜けるので、今やドル箱商品の1つになっている。


儲かるとなれば、会社は社員にノルマを課し、ファンドラップの契約を奨励する。そのノルマを達成するために、営業部員は投資の初心者や、潤沢な資産を持つ高齢者に売りつける。なぜなら金融リテラシーのある人は、ファンドラップのような商品には手を出さないからだ。

自分の証券会社の口座に株式を預けている顧客が相手なら、それらを売却してもらい、新たにファンドラップに投資してもらうようなこともする。

ファンドラップを販売する銀行の中には、ファンドラップに一部の資金を移し替えたら、残った預金に対する金利を０・５％上乗せすると宣伝しているところもある。

幸い、２０１９年までは日米で株高が続き、為替も１０８〜１０９円台で安定していた。そのため、驚くほどの損失は現時点で出ていない。ただし、マーケットが今後崩れ始めたら、損失を被る人が増えるのではないか。

顧客の中には、証券会社に預けていた株式をすべて売却するように促され、資産をすべてファンドラップに投入している人もいる。どういう説得があったのかはわからないが、仕組債やレジデンシャルＯＮＥの販売時のような、理不尽な営業が繰り広げられていた状況も考えられる。大きな損失が出れば、「話が違うじゃないか」と声を挙げる人が出てくるだろう。

ファンドラップによって損失を被った人たちも、集団訴訟という手段で補填を受けられる可能性は十分ある。本書の最後に紹介する弁護士チームに相談してみることをお勧めしたい。

終　章

「あのお金」返してください‼

「適合性の原則」の不遵守を立証するために

証券会社を辞めさえすれば、すぐにでも「悪魔の商品」の存在を忘れられるのではないか……。

私は密かにそう期待していた。しかし、それは甘い考えでしかなかった。

退社してから1年近くの時間が経過しようとしている。にもかかわらず、「悪魔の商品」はいまだに私の頭の中に居座り続けている。

特に気になるのは、「悪魔の商品」に手を出して損失を被ってしまった人たちのことだ。新興国通貨建て仕組債の償還は2018年からすでに始まっている。今後も数年の間、元本割れにより大きな損害を負わされる人が続々と出てくるのは間違いない。『悪魔の商品』によって資産を奪われてしまった人たちを救済する方法があるのではないか……。

こんなことを考える毎日を私は送っていた。そしてあるとき、1つの考えに思い至るのだ。

本書でも紹介した野村證券の「NEXT NOTES S&P500 VIX インバースETN」や高木証券の「レジデンシャルONE」のケースでは、証券会社が過ちを認め、弁済がなされている。これら2つのケースで共通しているのは、いずれも「適合性の原則」と「経済的合理性」が無視されたという点だ。

では、新興国通貨建て仕組債やファンドラップに関してはどうだろうか。同様に「適合性の原則」や「経済的合理性」が無視されてきたと言っていい。

であれば、しかるべき方法を取り、「適合性の原則」の不遵守と「経済的合理性」の欠如とを立証できれば、損害を被った人たちを救済できるのではないか。

これが私の頭に浮かんだ考えだった。

金融に詳しい弁護士と知り合いになったのは、それからしばらく経った2019年8月のことだった。

その1カ月前から私はコンサルティング会社で金融コンサルタントとして働くようになり、それがきっかけでその弁護士とやり取りをしていた。

ある日、その弁護士に声を掛けた私は、「悪魔の商品」によって損害を被った人たちの救済について尋ねてみた。すると、「救済できる可能性は高い」という答えが返ってきたのである。

このとき、証券マンだった私の経歴を知った弁護士は、個人的な話を打ち明けてくれた。聞けば、彼自身の母親も銀行から証券会社を紹介され、彼女の父親から相続した日本株の売却を勧められたというのだ。

証券マンからの強引な営業に抗えず、数度に分けて徐々に日本株を売却し、最終的にすべて手放してしまったらしい。もちろん、話はそこで終わらない。売却して得た現金はファンドラップに投資するように促され、言われたとおりにしてしまう。

幸い、手数料を差し引いたとしても資産の目減りはしていないという。だが、日本株を持ち続けていれば、時価総額は1億円ほど増えていたと見られる。こうした経緯を彼の母親はつい最近まで誰にも話さず、どうしようかと思い悩んでいたようだ。

こんな会話を交わしたことで、弁護士と私はすぐに意気投合した。弁護士である彼自身も、法律の力を使って証券会社の暴走を食い止めたいと考えていたところだったのだ。

もう泣き寝入りしない！　「集団訴訟」という戦い方

弁済に関する弁護士の説明は、実にわかりやすいものだった。集団訴訟という法的手段をとって、証券会社と相対するというのだ。

金融商品に関するケースに限らないのだが、何らかの商品を購入して、それが当初意図したものと大幅に異なるような状況が起きたとき、多くの人が泣き寝入りしてしまうという現実がある。

そうした現実を受け入れてしまう最大の理由は、相手側の瑕疵によって損害を被ったという証拠が十分にないためだ。個人的に弁護士に相談しようと考える人もいるだろう。もしくは本書の中でも触れたフィンマックのようなところに問い合わせる人もいるかもしれない。

だが、そこで必ず聞かれるのは、「相手に瑕疵を認めさせるのに十分な証拠を持っていますか?」ということだ。

「相手を信じてたんですから、証拠なんて取ってるわけないじゃないですか……」

結局、こう答えざるを得ず、涙を飲んであきらめてしまうのだ。

こうした弱点を補ってくれるのが、集団訴訟となる。

一個人としては、断片的な証拠しか持っていないかもしれない。しかし、自分と同じ商品を購入し損害を被った別の人たちと協力し、断片を集めていけば、相手側の瑕疵を証明できる確固たる証拠を形成できる。

例えばそれは、証券マンが「絶対に儲かりますから」と言って説明をしているセールストークの録音や、「商品の説明があいまいなので、買うのをやめた」という経緯を記した手帳のメモかもしれない。こうした断片的な証拠を各自が提示し、集団になって証券会社に訴えを起こせば、泣き寝入りせずに損害の補填についての交渉を始められるのだ。

これを聞いて、私は「勝てるかもしれない」という実感を抱いた。

私の周りには、証券会社で新興国通貨建て仕組債のセールスをしていたかつての同僚や上司、私が勤めていた証券会社で今も働いている仲間たちがいる。彼らとはいつでもコンタクトを取れる間柄であり、情報入手に関しては問題ない。

さらに知り合いの弁護士の話によると、こうした集団訴訟という手段で損害補填の手助けをしている弁護士のチームがすでに存在するとのことだった。この弁護士チームは、すでにいくつかの集団訴訟のケースを担当し、賠償を勝ち取った実績もあるらしい。

その弁護士チームというのが、弁護士法人あまた法律事務所《集団訴訟プラットフォームＭａｔｏＭａ》である。

「悪魔の商品」による損害が戻ってくるかもしれない……。

そう思うと、私の気持ちは高ぶった。

「優越的地位の濫用」に抵触する可能性さえある

証券会社に弁済を求める上で、弁護士の先生たちが根拠にしていたのは、やはり

「適合性の原則の不遵守」と「経済的合理性の欠如」という2つの点だった。

これに加え、銀行からの執拗な勧誘によって証券会社の金融商品を買ってしまった場合は、金融商品取引法などで禁じられている「優越的地位の濫用」に抵触する可能性もあるという。

2011年、日本証券業協会は「自主規制規則」を改正し、「勧誘・販売時の説明義務の強化」を表明している。この規則は、証券会社や金融機関に対して次に述べる①と②の事項を義務付けており、「救済できる可能性は高い」という弁護士の見解を裏打ちする内容となっている。これらを読めば、証券会社が自主規制規則を破ってきた事実がよくわかるはずだ。

本書の中でも触れた内容と一部重なるが、確認のために再度記しておく。

①適合性の原則

「勧誘開始基準の設定：お客様に店頭デリバティブ取引に類する複雑な商品を勧誘する場合には、年齢や取引経験の有無、財産の状況などから勧誘対象のお客様を選定すること」

②経済的合理性

「合理的根拠適合性の検証：お客様に新しい商品を販売しようとする場合には、その販売する商品のリスク特性やパフォーマンスなどについて事前に検証すること」

日本証券業協会では、「店頭デリバティブ取引に類する複雑な商品」として、「仕組債」と「投資信託」を規定している。つまり、新興国通貨建て仕組債やファンドラップは、まさにここで規定されている商品に該当する。

仮に、証券会社が「年齢や取引経験の有無、財産の状況など」の確認を怠っていたとすれば、自主規制規則はもとより金融商品取引法にも反していることになる。

また、販売する金融商品については、「利率（クーポン）が固定されているのか、それとも変動するのか」「償還額が元本で償還されるのか、そうでないのか」「利息や償還額が為替変動による影響を受けるのか」などについて、証券会社は顧客に詳しい説明をしなければならないとの指針も示されており、それらがなされていなければ、やはりこれも自主規制規則および金融商品取引法違反となる。

仕組債やファンドラップでは、顧客にわかりづらい形で密かに手数料が徴収されていた。しかもその率は、仕組債では6・5%、ファンドラップは2%である。

これほど高い手数料を取ることに、経済的合理性があるとは思えない。

もう1つ、「優越的地位の濫用」についても見逃してはいけない。

これについては、日本証券業協会の「自主規制規則」で特に触れられてはいないが、改めて触れておく。

銀行という存在は、お金を貸し付ける立場にあり、企業や個人に対して優越的地位を有している。その銀行が証券会社の販売するハイリスクな投資商品を顧客に紹介するとなれば、優越的地位の濫用を疑われても仕方がない。

知り合いの弁護士によれば、この点についても金融商品取引法や銀行法に抵触しているとして主張できるという。

あなたの失った資産を取り戻す「3つの方法」

いざ証券会社と対峙するとなれば、前項で掲げた3つの争点を掲げることになりそうだ。その際にはいくつかの〝戦い方〟がある。

①裁判に持ち込み、損害賠償を請求するケース。
ただし弁護士によると、過去の判例では請求した側が負けているケースが多いらしい。したがって、これについては慎重にならないといけないと思う。

②フィンマックのような紛争処理センターを利用するケース。
ただし、こちらのケースでは、本書でも触れたとおり、契約時のことについて個別に詳しく聞き取りがなされるため、それらを覚えていないと弁済を実現するのは難しくなる。さらには、証券会社の犯した過ちを相手に認めさせる際にも困難が伴うだろう。

③弁護士に依頼して証券会社との話し合いを求め、和解に至る方法。
和解に際しては、損失補填が必須の条件となる。補填の割合については、交渉の成果によって、損失額の100%になるのか、50%になるのか、はたまた80%になるのかが決まっていく。

いずれにしても、この3つ目の方法が最も手間がかからず、失った資産を取り戻すための近道になるのではないかと私は考えている。

ただし、和解交渉を有利に進めるには、先ほどから説明している集団訴訟という形を取る必要がある。
適合性の原則の不遵守、経済的合理性の欠如、もしくは優越的地位の濫用を立証しようと思えば、ある程度まとまった数の告発者を集めなくてはならないのだ。
1人の顧客が「商品に関する十分な説明がなかった」と訴えても、「たまたまそのときがそうだった」と反論されるかもしれず、訴えが弱くなってしまう。一方、同じ主張をする告発者が100人規模で存在すれば、形勢はかなり変わってくる。

証券会社側も、独自の証拠を持ち出して有利な状況を作り出そうとするだろう。彼らは電話の会話を録音している。交渉となれば、自分たちに都合のいい部分だけを持ち出して、「しっかりと説明していますよ」と主張するはずだ。

それに対して、被害者側の誰かの元に「絶対に儲かりますから。大丈夫ですよ」と勧誘する証券マンの音声が残っていれば、当然、証券会社に大きなダメージを与えられる。録音がなければ、証券マンと面会したときのメモ書きでもいい。

「○月○日、○○証券の○さんが家に来て、『絶対に儲かる商品がある』と勧められた」

「○月○日、銀行の担当者の○さんと会って、グループの証券会社で有利な商品があるから投資してみないかと言われた。説明を受けたが複雑すぎて、よくわからなかった」

こうしたメモが日付入りかつ、ボールペンなどでしっかりと残されていれば、証拠として大いに役立つ。

証券会社側から「目論見書を送りますから」などと言われると、「それを見ればいいや」と思い、メモを取らない場合が多い。しかし、「悪魔の商品」を売ろうとする側は、目論見書が述べていることとは異なる内容を口頭で伝えているケースがある。これは私自身が営業の現場にいた人間なので、実体験として語れる。

したがって仮にメモが残っていれば、自分の主張の正しさを裏付けるための大きな武器となる。

*

「悪魔の商品」を購入したために失ってしまった資産を証券会社から取り戻してほしい――。

これが私の偽らざる気持ちだ。そして今、証券会社から弁済を勝ち取る方法を提示できるところまでどうにかたどり着いた。

もしあなたが「悪魔の商品」によって損害を被っているのなら、この機会を絶対に活かしていただきたい。

証券会社との交渉を担当してくれる弁護士チームへのコンタクト方法については、巻末に詳細が記してある。

あなたからの情報提供が誰かを救うきっかけになるかもしれないので、迷ったらまず行動していただければ本当にありがたい。

おわりに

個人はとても小さな存在であり、時に無力である。そんな個人がコツコツと働いて貯めてきた資産に目を付け、自分たちの利益のために悪魔のような商品を買わせてきたのが証券会社だ。

だが、個人が集まれば大きな力になる。本書を参考にしていただき、どうかその力の強さを見せつけてほしい。

証券会社が和解に応じれば、彼らは巨額な金銭を弁済することになるだろう。しかし、彼らはそれを支払えるだけの十分な体力を持っている。相手の懐具合を心配する必要は一切ない。

そもそも証券会社が顧客側の懐具合を心配し、こちら側に寄り添うようなケースは皆無だ。彼らが第一に考えているのは自社の利益なのだ。であれば、顧客側も自分たちの利益を第一に考えて彼らに対峙すればいい。

投資をする際に必要なのは金融リテラシー。これを再度お伝えしたい。投資で損をしたくないなら、金融に関する知識を高める努力は不可欠なのだ。

そしてもう1つ。

「悪魔の商品」によって貴重な資産を失ってしまった人は、このあとに紹介する手段を通じ、損失を取り戻していただきたい。

ご本人だけでなく、両親や親族に被害者がいないか確認し、仮に被害に遭われた方がいれば、本書で紹介する相談窓口につなげてほしい。

これらが実現すれば、本書を刊行した主要目的は達成されたと言える。

「悪魔の商品」は決して1つではなく、本書で紹介したケースはあくまでも氷山の一角に過ぎない。したがって、似たような商品で損失を被ったケースもあるだろう。その場合でも弁済が受けられる可能性は十分ある。

巻末情報をご覧になり、迷わず私たちの無料相談を利用していただきたい。

弁護士法人あまた弁護士事務所代表弁護士　豊川祐行

集団訴訟に参加するための巻末情報

私たち、弁護士法人あまた法律事務所は、本書で取り上げてきた新興国通貨建て仕組債、ファンドラップに投資を行った結果、投資額の大幅な元本割れを被った方たちを救済するために弁護団を結成し、証券会社から弁済を勝ち取る交渉を開始します。

これまで仕組債によって損害を被り、実際に証券会社から弁済を勝ち取ったケースは存在しており、今回のケースでも弁済が得られる可能性は非常に高いと推測できます。

まずは、過去に弁済が行われた事例をご紹介しますので、こちらをお読みになり、ご自身のケースと比べてみてください。

【事例1】


Xは、自宅で茶道教室を営む70歳の女性である。

Xは、現在、自宅にひとり暮らしをしている。近隣には娘夫婦が住んでおり、娘は、週に1回程度、Xの自宅に顔を出す間柄である。

Xは、1000万円ほどの預金を有していたが、この先、医療費や生活費がかさんでくるのではと不安を覚え、漠然と資産運用でもしようかと考えていた。

そんな折、Xの携帯電話にY証券の従業員Zから電話があり、医療費や生活費のことで子どもたちに面倒をかけないためにも投資で生活資金等を稼いでみないかと勧誘があった。Xは、とりあえず話だけでも聞いてみようと思い、Zを自宅に招いた。

Zは、「今のご時世、銀行に預けていてもお金が増えるわけではない」「投資で生活費や医療費を稼いでいる同年代の人はたくさんいる」「うちの金融商品は高利回りだし、サポートも充実しているから安心」などと説明した。

Xは、Zの説明を聞いているうちに、投資を始めようと決意し、Zが特に力を入れて説明していた仕組債を始めることにした。

Zは、Xが仕組債を始めることを聞き、Y証券が顧客への説明用に作成していたパンフレットや資料を使って、詳しい説明をした。

Xは、Zの説明が難しいと感じつつも、Zの「質問があったらいつでも聞いてほしい」「その後のサポートもしっかりさせていただく」との言葉に安心感を覚え、質問があったらまた聞けばよいという気持ちで話に耳を傾けた。

なお、Xが今回始めようとした仕組債は、Y証券が最近になって取引を始めたものであり、Y証券が手掛ける他の仕組債と比較しても特殊な部類に入るものであったが、Zは、他の仕組債と同様に、Xに対して今回の仕組債の説明を行った。

また、Zは、Xが過去に亡き夫と共に10年ほど投資信託を行っていたと聞き、さらには、Xが個人で茶道教室も営んでいたことから、Xの投資経験は十分と判断した。

Xは、今回の仕組債を始めるに当たり、娘には相談していなかった。

こうしてXは、800万円をつぎ込んで仕組債を始めることとなったが、その後、始めてから1年ほどで元本割れを起こし、その半年後には、償還金額が0円となってしまった。

【事例2】

Xは、スーパーでパート勤めをする30歳の女性である。

Xは、夫であるA、娘であるBと同居している。Aは出版会社に勤めており、年収は400万円程度、年齢はXと同じ30歳である。また、Bの年齢は2歳である。

XとAは、それぞれの親から相続した現金及び金融資産を有しており、XとAの預貯金はそれぞれ1000万円ずつ、金融資産を併せるとそれぞれ1500万円ずつである。

XとAは、Bの将来のため、習い事や塾に通わせたいと考えており、Bがやりたいと言い出したことは、できる限り叶えてやりたいと考えていた。

そこで、XとAは、Bのために資産運用を始めようと考え、Y証券の窓口に相談しに行った。

Y証券の相談窓口では、従業員のZがXたちの対応をした。Xは、Zに対して、娘のための資産運用であること、投資経験はまったくないこと、預貯金は夫の分と合わせて2000万円であること、金融資産を併せると資産の合計は3000万円ほどになること、投資方針は安定重視としたいことを伝えた。

Zは、Xの要望を聞いた上で、Y証券が取り扱う様々な商品を紹介し始めた。その中でも、ZがXたちに強く勧めたのが、α債であった。

α債は、外貨建てで行う仕組債であり、為替変動が不利に働いたとしても30年間は償還されないという内容のものであった。加えてα債は、流通市場が確立していないことから、保有者が値下がり局面で売却を希望した場合には証券会社との相対取引により買取価格が時価評価を下回る価格となる恐れがあった。

Zは、α債について、上記のようなリスクや運用コストについての説明をまったくせず、「半年預けておけば100万円の利息がつく、すぐにこの調子で円安になって1000万円戻ってくる」「元本保証型のものです」「銀行預金などバカみたいでしょ」「とりあえず持っておいて損はありません、プロ向けで数も限られている特別なものです。しかも、現在の為替で買えるのは今しかありません」などと説明した。

Xは、上記のようなZの説明を聞き、Zがそこまで言うなら安心だと考え、α債を1000万円購入した。

また、Xがα債を購入した2カ月後、今度はAがZの強い勧めによりα債を1000万円購入した。

こうしてXたちは、娘の将来を夢見て仕組債を始めることとなったが、娘の小学校受験の準備を始めようとしたころには、Xたちが保有していたα債は、2人併せて120万円ほどになってしまっていた。

【事例3】

Xは、歯科医院を経営する歯科医師免許を持つ50歳の独身女性である。

Xは、歯科医院を経営することで、毎年1500万円の収入を得ており、合計4000万円の現金資産を有していた。また、Xは、最近、母親から現金や不動産など、評価額合計4億円の遺産を相続した。母親の遺産には、株式も含まれていた。なお、Xは、母親の相続前は有価証券を保有したことはなく、これまでの人生で投資に興味を持ったこともなかった。

母親の遺産の相続に伴い、Y証券は、遺産に含まれていた株式をX名義の口座に振り替えた。その直後、Y証券の従業員であるZは、Xの自宅を訪れ、Xに対し、「相続した株式は価格が下がる一方なので、この際売却してしまったほうがよい」「売却代金でほかの金融商品を購入したほうが資産も増えるし、老後の蓄えになる」などと説明した。

Xは、Zの説明を聞き、これ以上蓄えても1人では使い切れないとふと考えたが、自分でも調べた結果、相続した株式は直近3年間で一度も値上がりすることなく、価格が下がり続けていることがわかったので、とりあえず手放してしまおうと考えた。Xは、相続した株式を売却した結果、3000万円の現金を手に入れることができた。

Xは、資産に余裕ができたことから、どうせなら投資をしてみようと考え、もう一度、Zの話を聞くことにした。

Zは、再び、Xの自宅を訪れ、Xに対し、様々な金融商品の説明を始めた。Zは、数多くある商品の中でも、Xが資金に余裕があったことから、比較的ハイリスクではあるが、ハイリターンが見込める仕組債を中心に勧誘を行った。

このとき、Zは、Xに投資経験がないこと、Xが銀行預金の利率に不満を持っていることを聞いてはいたが、Xが何のためにどれほどの金額を投資に費やすのかは確認しなかった。

Zの説明を聞いた後、Xは、Zが説明した仕組債を購入するとZに伝えた。その後、

Zは、他の顧客に行うのと同様の説明をひと通り行い、Xは、ひとまず500万円分の仕組債を購入する契約を締結した。

Zは、その後も、Xに対して追加の投資を勧め、Xも相続した遺産を使う予定がなかったことから、Zの勧めに応じていた。

その結果、Xは、Zが進めた仕組債に合計2億円を投じることとなった。

しかし、Xが今回の仕組債を初めて購入してから1年が経過した時点で、4000万円の損失が生じていることがわかった。

＊

いかがでしたでしょうか？

過去に実際に起きたこれらのケースでは、債券を購入した側が訴えを起こした結果、いずれも証券会社側の瑕疵が認められ、顧客側に弁済がなされています。

本書で取り上げられている仕組債やファンドラップに関しても、同様に弁済が得られる可能性が高いと見ていいでしょう。

証券会社から十分な説明もなく、「高利回り」「損はない」などの言葉を信じ、仕組債やファンドラップを購入してしまった方がいましたら、次に記されているフリーダイヤルにお電話するか、ウェブサイトへアクセスし、弁済請求のための手続きをしていただけたらと思います。

◇弁護士法人あまた法律事務所
《集団訴訟プラットフォームＭａｔｏＭａ》
【ＳＭＢＣ日興証券の大損債券】
０１２０－７８３－７４８（受付時間：平日10時〜19時）
Ｅメール matoma@amata-law.com
https://mato.ma/project/securities-smbc-loss

西田 明（にしだ　あきら）

1980年、兵庫県生まれ。大学時代より株の売買を始め、大学卒業後は大手証券会社に入社。リテール部門に配属され営業に従事。営業管理職を務めていた2019年、自社が販売してきた金融商品の健全性に疑念を抱いたことをきっかけに退社する。現在、都内の金融コンサルティング会社に勤務。

豊川祐行（とよかわ　ひろゆき）

2010年、早稲田大学卒業後、同大学大学院法務研究科を修了し、2016年東京弁護士会にて弁護士登録。都内法律事務所での勤務を経て独立し、数多くの人を助けたいという想いから「弁護士法人あまた法律事務所」を設立。得意分野は消費者被害、借金問題など。過去に5000人以上の借金問題を解決に導く。

- あまた法律事務所HP　https://amata-lawoffice.com/
- お電話での問い合わせ　0120-783-748（受付時間：平日10時～19時）
- メールでの問い合わせ　matoma@amata-law.com

あのお金《かね》、返《かえ》して下《くだ》さい!! アンプリンシプル
「銀行《ぎんこう》と証券会社《しょうけんがいしゃ》」不都合《ふつごう》な真実《しんじつ》、悪魔《あくま》の商品《しょうひん》の売《う》り子達《こたち》

2020年3月11日　初版発行

著　者――西田 明、豊川祐行

発行者――齋藤長信

発行所――日本之書房
〒141-0031　東京都品川区西五反田8-2-12　アール五反田7A
電話　03-3868-8500　FAX　03-3868-8510

印刷・製本――新日本印刷

ISBN978-4-88582-253-7 C0030　Printed in Japan